AI와 레토릭

인공지능총서

인공지능 시대입니다. 기계가 인간의 인지를 대신하고, 사물이 인간을 통하지 않고 다른 사물과 직접 커뮤니케이션합니다. 이에 따른 인간 삶과 문명 변화를 정확히 이해 · 예측 · 대응하는 것은 이 시대 우리 모두의 과제입니다. 인공지능총서는 인공지능 기술과 환경의 여러 주제를 10가지 키워드로 정리합니다. 관련 개념과 이론, 학계와 산업계의 쟁점, 우리 일상의 변화를 다룹니다. 인간과 기술의 현재, 미래를 세심히 분석합니다.

일러두기

- 인명, 작품명, 저서명, 개념어 등은 한글과 함께 괄호 안에 해당 국가의 원어를 병기했습니다.
- 외래어 표기는 현행 어문규정의 외래어표기법을 따랐습니다.

AI와 레토릭

권성욱

대한민국, 서울, 커뮤니케이션북스, 2025

AI와 레토릭

지은이 권성욱
펴낸이 박영률

초판 1쇄 펴낸날 2025년 1월 24일

커뮤니케이션북스(주)
출판 등록 2007년 8월 17일 제313-2007-000166호
02880 서울시 성북구 성북로 5-11
전화(02) 7474 001, 팩스(02) 736 5047
commbooks@commbooks.com
www.commbooks.com

ISBN 979-11-7307-389-2 03500

책값은 뒤표지에 표시되어 있습니다.

차례

레토릭의 과거, 현재 그리고

레토릭(rhetoric)이라는 용어는 단지 진부하고 공허하거나 알맹이가 없는, 단순히 부정적 의미로만 여겨지기도 한다. 그러나 레토릭(수사학)이라는 학문은 여전히 정치 · 사회 · 경제 · 문화의 많은 문제들에 대해 실용적이면서도 인문학적 혜안을 가져다주기도 한다.

현재 국내에서는 레토릭 또는 수사학이라는 용어의 사용에 관해 학문적 정체성을 고민하는 논의가 활발히 이루어지고 있다(한국수사학회, 2024). 이러한 고민은 레토릭(수사학)의 다양한 적용 분야와 그 중요성에 대한 인식 차이에서 비롯된 것으로 보인다. 그러나 인문 고전으로서 고대 그리스 철학자들의 저서가 폭넓게 읽히고 있으며, 수사학이라는 학문이 여러 학자들에 의해 꾸준히 연구되고 있다. 플라톤이 소피스트들을 비판하면서도 그가 삶의 후반부에 레토릭(수사학)에 대한 관점을 바꾼 것처럼, 현재 레토릭이 받는 부정적인 인식도 긍정적으로 바뀔 수 있다는 기대감이 있다.

인간의 사고 과정을 컴퓨터 기술로 설명하려는 인지

과학이 발전하면서 레토릭의 원리는 인공지능(AI) 연구의 주요한 역할을 담당하게 되었다. 1966년 MIT의 조지프 와이젠바움(Joseph Weizenbaum)이 개발한 엘리자(ELIZA)와 같은 초기 챗봇 프로그램은 레토릭의 원리를 활용한 대화 시스템의 시초가 되었다. 이를 계기로 레토릭과 인지과학의 연관성은 1970년대 후반과 1980년대 초반부터 탐구되기 시작했다. 당시 인지과학이 새로운 학문으로 자리매김하면서, 이 새로운 분야가 수사학 이론에 어떤 기여를 할 수 있을지에 대한 연구가 있었기 때문이다(Craig, 1978; Railsback, 1983).

오늘날 레토릭 연구는 인지과학과 인공지능의 발전으로 인간의 언어와 사고 과정을 더 정확히 모방하고 이해하게 됨에 따라 더욱 정교해졌다. 최근 외국에서는 인공지능을 새로운 비평의 대상으로 채택하거나, 인공지능을 사용해 새로운 방법론을 개발하는 광범위한 레토릭 연구가 계속되고 있다. 특히 컴퓨테이셔널 레토릭이라는, 인공지능과 수사학을 접목한 새로운 분야에 대한 관심이 커지고 있다. 반면 국내에서는 아직 인공지능과 레토릭을 융합하는 만족할 만한 연구가 부족한 것이 사실이다.

2016년 1월 다보스에서 열린 세계경제포럼에서 클라

우스 슈밥(Klaus Schwab) 회장은 '제4차 산업혁명'이라는 레토릭으로 전 세계적인 반향을 일으켰다. 이어 6월에는 인간 이세돌 9단과 구글 딥마인드가 개발한 알파고의 바둑 대국이 미디어와 IT 업계 등 세간의 주목을 받았다. 이 대국은 이세돌의 1승에도 불구하고 알파고의 승리로 마무리되었다. 이러한 사례를 계기로 전 세계 사람들은 제4차 산업혁명에 지대한 관심을 두게 되었다. 또한 인공지능에 대한 인식에도 큰 변화가 일어났다.

전 세계적으로 챗GPT를 비롯한 인공지능이 일상생활에서부터 전문적인 영역에 이르기까지 매우 다양한 분야에 활용되고 있는 만큼, 인공지능은 우리의 삶에 실질적이고 광범위하게 영향을 미치고 있다. 실시간 번역 · 통역, 스마트홈 가전, 고객 대응 챗봇, 교육 · 금융 · 의료 서비스 등이 그 예이며, 최근에는 인공지능이 텍스트를 자동으로 생성해 주는 것을 넘어 사용자가 원하는 영상을 자동으로 생성해 주는 기술까지 발전하게 되었다. 지금도 인공지능은 나날이 발전하고 있지만, 이러한 발전이 우리에게 미칠 영향에 대해 기대와 우려가 공존하고 있는 것이 사실이다.

이 책은 저자의 박사학위 논문 작성 과정에서 시작되었다. 저자는 텍스트 빅데이터를 분석해 국내 정치인의 정치 수사를 지표로 개발하는 연구를 수행했다. 특히 미국 텍사스대학교 오스틴 캠퍼스의 로데릭 하트(Roderick Hart) 교수 등이 개발한 DICTION이라는 컴퓨터 지원 텍스트 분석 프로그램을 한국적으로 적용하는 과정에서 자연어 처리 기술(Natural Language Processing, NLP)을 활용하게 되었다. 이 과정에서 인공지능에 관한 관심의 폭이 더욱 넓어졌으며, 이후 인공지능과 레토릭을 학문적 관점에서 심층적으로 연구한 사례가 국내에 거의 전무하다는 점을 발견했다. 물론 디지털과 레토릭을 함께 탐구한 사례가 일부 있었지만, 인공지능과 레토릭의 관계를 깊이 있게 다룬 연구는 찾기 어려웠다. 이는 본 책의 출발점이 되었다고 해도 과언이 아니다. 이러한 학문적 배경과 연구 동향, 그리고 국내 연구의 현황을 고려할 때, 인공지능과 레토릭의 관계를 다루는 책의 필요성이 보였다. 이에 저자는 본 책을 통해 이 분야의 연구 공백을 채우고 새로운 학문적 논의의 장을 열고자 한다.

이 책의 구성

이 책은 다음과 같이 구성되었다. 먼저, 레토릭에 대한 개괄적인 개념과 발전 과정을 레토릭의 정의와 역사(1장), 고전 레토릭과 현대 레토릭의 발전(2장)으로 구성했다. 다음으로, 현재의 레토릭에 대한 이해를 AI 시대 레토릭의 효과(3장), 디지털 레토릭(4장)으로 구성했다. 이어, AI와 레토릭이 기술적으로 어떻게 결합되고 이해되는지 기술하면서 레토릭 분석의 진화(5장), 딥러닝과 레토릭(6장), AI의 레토릭 기법(7장)으로 구성했다. 또한 AI 시대 레토릭 관련 이슈와 커뮤니케이션의 변화를 모색하면서 AI 레토릭 윤리(8장), AI 시대 레토릭과 커뮤니케이션(9장), AI와 새로운 소통(10장)으로 구성했다.

이러한 구성을 통해 본 책은 레토릭의 역사적 맥락부터 현대 디지털 환경에서의 변화, 그리고 인공지능 기술과의 융합까지 포괄적으로 다루고자 했다. 특히 이 책에서는 인공지능 시대에 레토릭이 어떻게 진화하고 적용되는지, 그리고 이에 따른 윤리적 문제와 커뮤니케이션의 변화를 심도 있게 탐구함으로써, 독자들에게 레토릭의 현재와 미래에 대한 통찰을 제공하고자 한다. 이를 통해 독자들은 레토릭의 전통적 가치와 현대적 적용, 그리고 미래 전망을 종합적으로 이해할 수 있을 것이다.

참고문헌

권성욱(2021). "정치인의 정치 수사(修辭) 분석을 위한 지표 개발 연구". 경기대학교 대학원 박사학위 논문.

이재현(2020). “인공지능과 미디어-커뮤니케이션 연구”. ≪언론정보연구≫, 57(3), 5-40.

한국수사학회(2024). 『위대한 수사학 고전들』. 을유문화사.

Craig, R. T.(1978). Cognitive science: A new approach to cognition, language, and communication. *Quarterly Journal of Speech, 64*(4), 439-450.

Hart, R. P., & Carroll, C. E.(2015). *DICTION 7.1 help manual.* Austin, TX: Digitext.

Majdik, Z. P., & Graham, S. S.(2024). Rhetoric of/with AI: An Introduction. *Rhetoric Society Quarterly, 54*(3), 222-231.

Railsback, C. C.(1983). Beyond rhetorical relativism: A structural-material model of truth and objective reality. *Quarterly Journal of Speech, 69*(4), 351-363.

01
레토릭의 정의와 역사

레토릭(rhetoric)은 고대부터 현대에 이르기까지 인간 소통의 핵심적인 방법으로 여겨져 왔다. 그 기원과 활용 과정을 살펴보면, 레토릭의 중요성과 그 정의의 변화를 더 잘 이해할 수 있다.

레토릭의 기원과 정의

레토릭(rhetoric)이라는 단어는 그리스어 'ρητορική(rhetorike, 레토리케)'에서 유래했는데, 연설가를 뜻하는 '레터(rhetor)'와 기술을 뜻하는 '테크네(techne)'를 합친 말이다. '연설가의 기술'이 바로 수사학, 즉 레토릭으로 플라톤(Plato, 기원전 428~기원전 348)의 책 『고르기아스』(448d)에 처음으로 언급되었다(김헌, 2016; 손윤락, 2024).

레토릭의 기원에 대해서는 기원전 5세기경 시칠리아에서 발생한 토지 소유권 소송에서 배심원들을 설득해야 했던 사람들을 교육하기 위해 코락스(Corax)를 비롯한 여러 웅변술 선생이 출현했다는 것이 통설적 견해다(박성희, 2016). 이때 코락스가 고안한 서두, 서술부, 논증부, 여담, 맺음부(또는 머리말, 진술부, 논증부, 맺음말)로 구성된 구성법이 수사학 이론의 출발점이 되었으며, 이는 현재 우리가 흔히 사용하는 서론, 본론, 결론의 구성 기원이 되었다. 코락스의 존재 자체에 대해 의문을 제기하는 견해도 있으나(양태종, 2009a), 코락스의 실제 존재 여부와 관계없이 그와 제자 티시아스(Tisias) 간의 수업료 지불에 관한 소송 이야기는 수사학의 본질과 교육의 효과를 이해하는 데 중요한 사례로 여겨지고 있다.

이와 유사하게, 훗날 프로타고라스(Protagoras)와 에우아틀로스(Euathlus)의 소송 사례도 법적 추론과 계약 해석의 복잡성을 보여 주는 고전적인 예로 자주 언급된다.

역사적으로 '레토릭'은 아리스토텔레스의 고전적 정의에서부터, 단순한 기술이 아니라 지식을 만들어 내고 현실을 구성하는 중요한 역할을 한다고 보는 현대 수사학자들의 광범위한 정의에 이르기까지 다양한 관점으로 존재했다. 레토릭에 대한 이해가 시대와 인물에 따라 변화해 왔기 때문에 레토릭을 하나의 정의로 규정하는 것은 그렇게 간단한 문제가 아니다. 이러한 정의의 변화는 각 시대의 사회적, 문화적 맥락을 반영하며, 수사학이 어떻게 발전해 왔는지를 보여 준다.

레토릭은 효과적인 말하기와 쓰기를 통해 청중을 설득하는 기술이다. 다시 말해, 말과 텍스트 등 언어를 사용해 다른 사람들을 설득하거나 감동시키기 위한 기법이자, 기술 그리고 예술적 행위인 것이다. 고대 그리스 시대 레토릭에 대한 가장 초기의 정의 중 하나는 아리스토텔레스(Aristotle, 기원전 384~기원전 322)가 "각각의 경우에 주어진 설득 수단들을 발견하고, 가능한 설득 수단들을 통찰하는 능력이다"라고 정의한 것이다. 이는 "설득을 이끌어 낼 수 있는 요소들"을 찾아내는 학문이라는 의미다(손윤락, 2024). 그의 '설득' 개념은 지금까지도 레토릭의 주요한 정의 중의 하나로 여겨지고 있다. 이후 로마 시대의 퀸틸리아누스(Quintilianus, 35~100)는 레토릭을 '훌륭하게 말하는 방법에 대한 앎 혹은 학문(bene dicendi scientia)' 또는 '말하기로 숙련된(능숙한) 훌륭한 시민(사람) 기술(vir bonus, dicendi peritus)'로 정의했다(김기훈, 2024; Herrick, 2021). 이는 레토릭을 단순히 학문적으로만 규정한 것이 아니라, 학문과 기술 두 측면을 모두 포괄하는 의미로 확장한 것이다. 이에 더해 퀸틸리아누스의 정의는 레토릭의 도덕적 측면을 강조했다는 점에서 의미가 있다.

현대에 이르러 레토릭의 정의는 더욱 다양하고 포괄적으로 확장되었다. 여기서 모두 열거할 수는 없지만, 법학자이면서 논리학자인 카임 페렐먼(Chaim Perelman)은 "새로운 수사학(신수사학)"을 주창하며, 레토릭을 "청중에 대한 설득과 납득의 기술"로 정의해 논증의 중요성을 강조했다(Perelman & Olbrechts-Tyteca, 1969; Herrick, 2021). 수사학자 케네스 버크(Kenneth Burke)는 레토릭을 "상징을 통한 인간 행동의 연구"로 정의했다(Burke, 1969; Herrick, 2021). 그는 레토릭이 단순히 설득의 기술이 아니라 인간의 모든 상징적 상호작용을 포함하는 광범위한 분야라고 보았다. 수사학자 로이드 비처(Lloyd Bitzer)는 수사학적 상황(Rhetorical Situation)의 개념을 도입하며, 레토릭을 "특정 상황에 반응하는 담론"이라고 규정했다(Bitzer, 1968; Herrick, 2021). 그의 정의는 레토릭이 실제 상황에 미치는 영향력을 강조했다는 점에서 주목할 만하다. 전통적인 수사학자는 아니지만, 교육자였던 리처드 뷰캐넌(Richard Buchanan)은 레토릭을 "설득력 있는 의사소통의 실천이자, 그러한 의사소통을 연구하는 공식적인 기술"이라고 정의했다(Buchanan, 1989). 이는 레토릭이 단순한 말하기나 글쓰기 기술을 넘어 인간이 세상을 이해하고 타인과 소통하는 근본적인 방법론으로 자리 잡았음을 보여 준다. 고대부터 현대에 이르기까지 레토릭은 언어를 통해 타인을 설득하고, 상황을 변화시키며, 인간의 상징적 상호작용을 이해하는 폭넓은 분야로 정의되고 있다.

레토릭의 활용

레토릭은 크게 세 가지 목적으로 활용된다. 그중에서 가장 중요한 것은 사람들을 설득하는 것으로, 논리적인 주장과 감정적 호소를 통해 청중의 마음을 움직이는 것이다. 정치 연설에서 후보자가 자신의 공약과 정책을 설명하며 사람들을 설득하는 과정이 그 대표적인 예다. 또한 청중의 감정에 호소해 공감을 끌어내거나 감동을 주는 것이다. 진심 어린 감사의 인사나 추모 연설에서는 감동적인 언어와 이야기가 레토릭의 핵심이 된다. 마지막으로, 레토릭은 교육 목적으로 사용될 수 있다. 복잡한 주제를 이해하기 쉽게 전달하는 것이다. 강의나 학술 발표에서 주로 활용된다. 이러한 레토릭의 다양한 목적은 상황에 따라 독립적으로 또는 복합적으로 적용될 수 있으며, 효과적인 커뮤니케이션을 위해서는 이들 사이의 균형을 잘 맞추는 것이 중요하다.

레토릭은 고대 그리스의 도시국가인 폴리스(polis)에서 발전했다. 폴리스는 시민들이 직접 정치에 참여하는 민주주의의 요람이었다(Hansen, 2006). 이러한 환경에서 레토릭의 세 가지 목적이 모두 중요하게 작용했다. 그중 '설득'은 정책 결정과 법정에서, '감동'은 축제와 장례식에서, '교육'은 시민 양성 과정에서 각각 핵심적인 역할을 했다. 폴리스에서는 시민들이 정치적 의사결정에 참여하고, 공공적인 토론과 연설이 중요한 역할을 했다. 이러한 상황에서 레토릭은 공공의 장에서 자신의 주장을 효과적으로 전달하고 다수의 지지를 얻기 위한 필수적인 도구로 자리 잡았다. 고대 그리스에서 레토릭은 또한 교육의 일환으로서도 중요한 위치를 차지했다. 청년들은 레토릭을 배우며 토론과 연설을 연습하고, 사회의 리더로 성장하는 과정에서 필수적인 능력을 기른 것으로 알려져 있다. 이러한 레토릭의 교육적 역할은 현대 사회에서도 여전히 중요하며, 특히 비판적 사고와 효과적인 의사소통 능력 개발에 큰 도움이 된다.

레토릭은 시대에 따라 그 정의와 평가가 변화해 왔다. 고대 그리스에서 시작된 이 학문은 현대에 이르기까지 언어를 통한 설득과 소통의 핵심적인 도구로 발전해 왔다. 현대 사회에서 레토릭은 정치, 광고, 미디어, 교육 등 다양한 분야에서 활용되고 있다. 이를테면 정치인들의 연설문 작성, 기업의 브랜드 메시지 전달, 소셜 미디어를 통한 온라인 커뮤니케이션 등에서 레토릭의 원리가 적용되고 있다. 또한 디지털 시대의 도래와 함께 레토릭은 새로운 형태의 미디어와 플랫폼에 적응하며 진화하고 있다. 예를 들어 비주얼 레토릭이나 디지털 레토릭, 컴퓨테이셔널 레토릭과 같은 새로운 분야가 등장하면서 레토릭 연구가 더욱 활성화되고 있다. 비록 레토릭이 때로는 비판의 대상이 되기도 했지만, 레토릭은 여전히 우리의 일상적인 의사소통과 공적 담론에서 중요한 역할을 하고 있으며, 앞으로도 그 중요성은 계속될 것으로 보인다.

그러나 현대 사회에서 레토릭은 때로 부정적인 의미로 사용되기도 한다. 일부에서는 레토릭을 거짓이나 조작을 주장하기 위한 수단으로 인식하고 있다. 이러한 부정적 인식에도 불구하고 레토릭의 본질적 가치는 여전히 유효하다. 특히 4차 산업혁명과 함께 진행되고 있는 디지털 혁명 속에서 레토릭은 AI 분야의 새로운 연구 대상으로 주목받고 있다. 이는 효과적인 의사소통과 설득의 원리가 현대 기술 환경에서도 여전히 중요하며, 레토릭의 원리가 AI의 언어 모델 개발이나 인간과 컴퓨터의 상호작용 설계 등에 적용되고 있음을 의미한다. 결국 레토릭은 인간이 세상을 이해하고 타인과 소통하는 근본적인 방법론이자 효과적인 의사소통을 위한 실천적 학문으로 자리 잡았다고 볼 수 있다. 그 정의와 적용 범위는 시대에 따라 변화해 왔지만, 인간 소통의 핵심으로서 갖는 중요성은 변함없이 유지되고 있다.

참고문헌

김기훈(2024). 위대한 수사학 고전들, 한국수사학회, 『로마인을 로마인답게, 사람을 사람답게: 퀸틸리아누스의 연설가교육』(219-242쪽). 을유문화사.

김헌(2016). 서양고대철학 2: 아리스토텔레스부터 보에티우스까지,

강상진 외, 『아리스토텔레스의 '시학'과 '수사학'』(227-260쪽). 길.

박성희(2016). 『레토릭』, 커뮤니케이션북스.

손윤락(2024). 아리스토텔레스의 「수사학」에서 수사학의 원리와 실천학적 지평. ≪수사학≫, 49, 61-91.

송미령(2020). 중국 수사학에 대한 소고-서양 수사학과의 비교를 중심으로. ≪수사학≫, 39, 49-69.

양태종(2009a). 다시 생각하는 수사학의 기원. ≪독일어문학≫, 45, 185-205.

양태종(2009b). 다시 생각하는 수사학의 탄생배경. ≪수사학≫, 11, 133-158.

Aristotle.(2004). Rhétorique Livre Ⅰ. 이종오 옮김(2009). 『수사학 Ⅰ』. 리젬.

Bitzer, L. F.(1968). The Rhetorical Situation. *Philosophy & Rhetoric, 1*(1), 1-14.

Buchanan, R.(1989). Declaration by Design: Rhetoric, Argument, and Demonstration in Design Practice. *Design Issues, 5*(2), 4-22.

Burke, K.(1969). *A Rhetoric of Motives.* Berkeley: University of California Press.

Hansen, M. H.(2006). *Polis: An Introduction to the Ancient Greek City-State.* Oxford University Press.

Herrick, J. A.(2021). *The history and theory of rhetoric*(7th ed). 강상현 옮김(2022). 『레토릭의 역사와 이론』. 컬처룩.

Hocks, M.E.(2003). Understanding Visual Rhetoric in Digital Writing Environments. *College Composition and Communication, 54*(4), 629-656.

Perelman, C., & Olbrechts-Tyteca, L.(1969). *The new rhetoric: A treatise on argumentation*(J. Wilkinson & P. Weaver, Trans.).

University of Notre Dame Press.

Plato.(2021). *Gorgias.* 김인곤 옮김(2021), 『고르기아스』, 아카넷.

Reboul, O.(1991). *La rhétorique.* 박인철 옮김(1999), 『수사학』. 한길사.

02
고전 레토릭과 현대 레토릭의 발전

고전 레토릭 이론가들이 제시한 주요 이론을 다루며 이들의 이론이 현대 레토릭에 미친 영향을 분석한다. 또한 현대 레토릭의 주요 개념과 이론, 그리고 사회적, 문화적 변화와의 관계를 논의한다.

고전 레토릭의 발전

고전적인 형태의 레토릭은 고대 그리스와 로마에서 시작된 수사학의 전통으로 정치, 법정, 교육 등 다양한 사회적 영역에서 중요한 역할을 했다. 코락스와 그의 제자 티시아스로부터 시작된 레토릭은 점차 아테네를 중심으로 한 그리스 본토로 전파되었다. 이후 레토릭은 소피스트들에 의해 학문적 중요성이 더욱 확고해졌으며, 프로타고라스, 고르기아스, 이소크라테스 등이 대표적인 소피스트들로 알려져 있다. 프로타고라스(Protagoras, 기원전 490~기원전 420)는 경험을 중요시하며, 모든 의견이 참일 수 있다고 보아 교육을 통해 레토릭 기술을 향상시키려 하는 등 말의 교육적 기능을 강조했다. 고르기아스(Gorgias, 기원전 485~기원전 385)는 진리 여부보다는 청중을 설득하는 것을 중요시하는 실천적 수사학에 초점을 두었다. 이소크라테스(Isocrates, 기원전 436~기원전 338)는 프로타고라스와 고르기아스에게 교육을 받아 수사학 이론에 가장 크게 기여했다. 이소크라테스는 레토릭을 단순히 수사적 기교로만 여기지 않고, 도덕적이고 교육적인 수단으로 여겼다. 그는 레토릭을 통해 공동체를 위한 공적 담론을 형성하고, 정치적이고 사회적인 문제에 대한 논의를 통해 사회적 합의와 덕성을 고양하려 했다. 이소크라테스의 담론 모델은 설득을 통해 청중이 더 나은 결정을 내리도록 도와주며, 그의 수사학은 실용적이고 윤리적이었다. 그는 특히 실용적 지혜(phronesis)를 강조했으며, 이는 철학과 수사학을 통합해 사회를 더 나은 방향으로 이끌 수 있다고 믿었다.

그러나 소피스트들의 철학과 교육 방식은 다른 철학자들, 특히 플라톤으로부터 강한 비판을 받았다. 플라톤은 소크라테스의 제자이자 아리스토텔레스의 스승으로, 저서 『고르기아스』에서 레토릭이 단순히 청중을 설득하기 위한 기술로 사용될 위험이 있다고 보았으며, 진리 탐구와 도덕적 윤리를 중시해야 한다고 주장했다. 하지만 플라톤은 레토릭 자체를 완전히 배척한 것은 아니고, 진리를 추구하는 철학적 논변과 통합된 형태의 레토릭을 수용할 여지를 남겼다. 따라서 플라톤이 비판한 것은 주로 진리를 무시하고 설득만을 추구하는 형태의 레토릭이라고 보는 것이 정확하다. 플라톤의 제자인 아리스토텔레스는 스승의 비판적 시각을 일부 수용하면서도, 레토릭의 가치를 인정하면서 저서 『레토리카』를 통해 레토릭을 체계적으로 연구하고 이론을 정립하는 데 크게 기여했다. 그는 레토릭을 논리적(logos), 윤리적(ethos), 감정적(pathos) 요소로 나누어 분석함으로써, 레토릭이 단순한 기술이 아닌 체계적인 학문임을 보여 주었다(Kennedy, 1991). 그는 설득이 단순히 감정에 호소하는 것만이 아니라 논리적이고 체계적인 과정이라고 보았다. 이 세 요소는 오늘 이 시대에 와서도 여전히 중요한 역할을 하고 있다.

로마의 정치가이자 철학자였던 키케로는 레토릭을 공공 연설의 기술로 보아 연설가가 갖추어야 할 다섯 가지 덕목으로 발견(invention), 배열(arrangement), 표현(style), 기억(memory), 전달(delivery)을 강조했다. 그는 설득력을 갖춘 연설을 위해서는 이 다섯 가지를 모두 고려해야 한다고 강조했다(Cicero, 2016). 이 다섯 가지 덕목은 스피치나 연설 교육이나 커뮤니케이션 학문의 기초가 되고 있으며, 특히 표현과 전달 방식에 대한 논의는 현대 미디어 연구에도 큰 영향을 미치고 있다. 퀸틸리아누스는 고대 로마의 교육자로, 『수사학 교육(Institutio Oratoria)』에서 연설가의 도덕성을 강조했다. 그는 연설가는 단순히 설득을 위한 기술을 뛰어넘는 도덕적 기준을 따라야 한다고 주장했다. 이는 현대의 윤리적 커뮤니케이션 이론과 연결되며, 특히 정치와 미디어에서의 책임감 있는 소통에 대한 논의에 큰 영향을 미치고 있다.

중세 유럽에서는 기독교 교리의 전파와 관련해서 레

토릭이 중요한 역할을 했다. 고대 그리스와 로마의 레토릭이 정치와 법정에서 중요한 역할을 했다면, 중세의 레토릭은 주로 종교적 설교와 논증에 사용되었다. 목회자들은 신앙의 교리를 설득력 있게 전달하기 위해 레토릭 기법을 활용했다. 성 아우구스티누스(St. Augustine)는 『기독교 교리에 관하여』에서 레토릭을 기독교 교리를 전파하는 도구로 보고, 교회가 고전 레토릭 문헌에서 유용한 것들을 이용해야 한다고 권고했다(Augustine, 1997). 이 시기의 레토릭은 교회에서 성경을 해석하고, 신자들에게 가르침을 전하는 중요한 역할을 했기 때문이다.

레토릭이 그리스와 로마, 기독교 유럽의 교육과 문화에서 두드러진 요소였던 반면에, 르네상스 시대에는 고대 수사학의 부활이 일어날 만큼 레토릭이 가장 큰 영향을 미쳤다. 인본주의, 즉 인간 중심적 사고와 함께 수사학은 다시금 중요한 학문으로 자리 잡았으며, 이 시기의 학자들은 고전적 수사학 이론을 재해석하고 발전시켰다. 17세기 말 또는 18세기 초에 시작된 계몽주의 시대에는 이성과 논리가 강조되면서 레토릭은 더욱 체계적이고 과학적인 해법을 추구했다. 레토릭 이론가였던 조지 캠벨(George Campbell, 1719~1796)은 수사학의 설득적 효과를 청중의 심리학과 연결해 설명하면서, 수사학 이론의 관점을 화자에서 청중으로 이동시켜 계몽주의 시대 '신수사학'을 개척했다(박성희, 2016; Herrick, 2021).

현대 레토릭의 발전

현대 레토릭은 다양한 시대와 여러 저명한 이론가의 손을 거치면서 영역도 재구성되었다. 20세기 초에는 논리실증주의의 영향을 받아 고전 레토릭이 재조명되었다. 미국의 수사학자 케네스 버크(Kenneth Burke, 1897~1993)는 모든 언어 활동이 결국 사회 변화와 정치적 결정 과정에 영향을 준다고 하며, 언어를 인간의 상징적 행동으로 보았다. 이 시기, 아리스토텔레스의 고전 레토릭을 계승하면서 논증학을 창조적으로 발전시킨 대표적 학자들이 등장했다. 벨기에의 철학자 카임 페렐먼(Chaim Perelman, 1912~1984)은 논증을 중심으로 한 '신수사학'을 제안했으며, 이는 현대 논증 이론의 기초가 되었다. 페렐먼의 '신수사학'을 현대 레토릭의 시발점으로 인정하기도 한다(하병학, 2024). 영국의 스티븐 툴민(Stephen Toulmin, 1922~2009)도 페렐먼과 함께 논증학을 발전시킨 대표적인 학자로 실용적인 논증 모델을 구성하는 세부적 요소를 제시했다. 미국의 수사학자 로이드 비처(Lloyd Bitzer, 1931～2016)는 저서 『레토릭 상황(Rhetorical Situation)』에서 레토릭적 담론이 상황에 의해 생성된다고 주장했다. 즉, 상황이 담론을 요구하고 형성하는 것이다. 비처는 레토릭을 상황 중심으로 이해하는 새로운 관점을 제시했다. 결과적으로 20세기에 재조명된 레토릭은 여러 학문과 결합하거나 또는 새로운 모습으로 등장했다. 20세기 후반에는 레토릭 본연의 모습, 즉 본질적인 기능인 구어 소통의 증대 등으로 큰 호응과 인기를 얻게 되었다(김동규, 2022).

고전 레토릭의 원리는 시대를 거쳐 발전해 왔지만, 현대 사회의 급격한 기술 변화는 레토릭의 적용 방식에 새로운 변화를 불러오고 있다. 현대 레토릭이 고전 레토릭 이론을 기반으로 발전하면서 사회적 · 문화적 변화와 함께 확장되었다. 공공 토론과 정치 연설은 여전히 레토릭 기법의 전형적인 영역으로 남아 있으며, 민주주의 사회에서는 국민들이 자신의 의견을 효과적으로 전달하고 타인을 설득하기 위해 레토릭 기법을 배우려고 한다. 그뿐만 아니라 현대의 광고와 홍보 역시 레토릭 기법을 활용해 소비자들의 마음을 움직이는 데 중요한 도구로 작용하고 있다. 이는 레토릭이 시대와 문화의 변화 속에서도 여전히 삶과 사회에 깊은 영향을 미치고 있음을 보여준다.

디지털 기술의 발전과 함께 레토릭도 새로운 형태로 진화하고 있다. 완전히 새로운 형태가 아니라, 고전 레토릭의 기초를 바탕으로 디지털 기술을 통합하는 소위 '디지털 레토릭(Digital Rhetoric)'으로 발전하고 있다. 소셜 미디어와 같은 디지털 플랫폼은 새로운 형태의 레토릭을 탄생시켰다. 트위터, 인스타그램, 유튜브 등에서의 의사소통은 짧고 강렬한 메시지, 이미지, 해시태그 등의 새로운 수사적 기법을 요구한다. 이는 고전 레토릭에서 강조된 논리적 설득보다는 감정적 호소와 빠른 전달을 중시하는 현대 레토릭의 변화를 반영한다. 이러한 변화는 전통적인 레토릭에서 화자와 청중의 관계를 재정의한다. 과거에는 화자가 메시지를 주도적으로 전달했지만, 청중(소비자)이 메시지를 함께 만들어 가는 협력적 과정, 즉 디지털 시대의 레토릭이 단순한 설득을 넘어 협력, 참여, 공동 창작을 포함하는 복잡한 과정임을 보여준다(Jenkins, 2006). 텍스트뿐만 아니라 그림, 사진, 비디오, 오디오 등 다양한 미디어를 활용해 메시지를 전달하고 있으며, 소셜 미디어나 동영상 플랫폼 등을 통해 실시간으로 교류하면서, 최근에는 AI를 적극 활용하는 등 다양한 소통이 이루어지고 있다. 레토릭의 기본 개념들이 AI 기술의 발전과 적용에 중요한 역할을 하는 것이다. 현대 레토릭은 과거와 현재를 연결하며, 미래의 소통 방식에 대한 방향성을 제시하고 있다.

참고문헌

김동규(2022). 디지털 레토릭 구축의 타당성과 가능성 연구. ≪수사학≫, 45, 121-145.

박성희(2016), 『레토릭』, 커뮤니케이션북스.

하병학(2024). 위대한 수사학 고전들, 한국수사학회, 『신수학을 논증행위 이론이라고 부른 까닭은』(543-579쪽). 을유문화사.

Aristotle(2007). *On Rhetoric: A Theory of Civic Discourse.* Trans. George A. Kennedy. Oxford University Press.

Augustine, St.(1997). *On Christian Doctrine.* Trans. D. W. Robertson, Jr. Prentice Hall.

Bitzer, L. F.(1968). The Rhetorical Situation. *Philosophy & Rhetoric, 1*(1), 1-14.

Cicero, M. T.(2016). *De Oratore.* Trans. E. W. Sutton & H. Rackham. Harvard University Press.

Herrick, J. A.(2021). *The history and theory of rhetoric*(7th ed). 강상현 옮김(2022). 『레토릭의 역사와 이론』. 컬처룩.

Jenkins, H.(2006). *Convergence Culture: Where Old and New Media Collide.* New York University Press.

Kennedy, G. A.(1991). *Aristotle on Rhetoric: A Theory of Civic Discourse.* Oxford University Press.

Kennedy, G. A.(1994). *A New History of Classical Rhetoric.*

Princeton University Press.
Plato(1993). *Phaedrus and Gorgias.* Trans. Walter Hamilton. Penguin Classics.
Quintilian(2001). *The Orator's Education.* Trans. Donald A. Russell. Harvard University Press.

03
AI 시대 레토릭의 효과

AI 시대에서 레토릭의 중요성과 효과를 탐구하고, AI가 어떻게 레토릭을 활용하고 발전시키는지 심층적으로 분석한다.

AI 시대 레토릭의 중요성

레토릭은 전통적으로 인간의 의사소통과 설득의 기술로 여겨져 왔다. AI 기술이 발전하면서 우리의 삶에 미치는 영향이 커지고 있으며, 이에 따라 인간과 기계 사이의 협력과 의사소통 능력 역시 중요해지고 있다. AI 기술의 발전은 인간의 설득 기술에 새로운 차원의 기술적 접근 방식을 제공하고 있다. 아울러 레토릭 능력이란 말을 효과적으로 사용해 다른 사람을 설득하거나 감동시키는 능력을 말한다. 즉, 언어와 표현을 잘 다루어 상대방에게 자신의 주장이나 감정을 전달하는 능력을 말한다. 레토릭 능력은 말하기뿐만 아니라 글쓰기 등 여러 분야에서 필요한 능력이며, 공적인 연설이나 논문 작성, 혹은 일상 대화에서도 중요하게 작용할 수 있다.

흔히 스피치 능력과 레토릭 능력을 같은 개념으로 알고 있지만, 두 능력은 밀접한 관련이 있으면서도 다른 개념이다. 스피치 능력은 말을 잘하는 능력으로, 언어를 자유롭게 구사하고 효과적으로 의사를 전달하는 능력을 말한다. 이때 말을 잘하는 능력이란 목소리나 억양, 발음, 어휘력 등을 통해 상대방에게 목적을 잘 전달하는 능력을 말한다. 반면 레토릭 능력은 앞서 말한 바와 같이 효과적인 언어 구사를 통해 상대방을 설득하거나 감동시키는 능력이다. 즉 효과적인 논리적 구성, 감정에 호소하는 방법 등을 통해 말을 상대방에게 효과적으로 전달해 설득하는 기술인 것이다.

미 캘리포니아 대학교의 리넷 헌터(Lynette Hunter) 교수는 레토릭의 중요성을 언급하면서 AI가 주로 논리적이고 분석적인 문제 해결에 초점을 맞추어 논리적으로는 문제를 성공적으로 해결할 수 있지만, 인간 커뮤니케이션의 특징인 맥락적 고려를 충분히 반영하지 못해 레토릭이 가지고 있는 인간의 물리적 상호작용에 대한 이해가 부족하다고 지적했다. 이런 한계를 보완하기 위해 AI가 맥락과 인간 상호작용을 더 잘 이해하고 반영할 수 있어야 하는데, 이를 위해 수사학적 접근이 필요하며, AI가 생성하는 지식이나 문제 해결 과정이 사회적 맥락과 연결될 수 있도록 돕는 것이 바로 레토릭의 역할이라고 주장했다(Hunter, 1991). 이러한 맥락에서 AI 시대의 레토릭은 단순히 인간들 사이의 의사소통 도구를 넘어서 인간과 기계 사이의 상호작용을 조율하고 개선하는 중요한 역할을 한다. 예를 들어 챗봇이나 가상 비서와 같은 AI 시스템의 대화 모델을 설계할 때 레토릭의 원리를 적용함으로써 더욱 자연스럽고 효과적인 인간과 기계의 상호작용을 구현할 수 있다(Perrault et al., 2019). 또한

AI가 생성한 텍스트나 이미지의 윤리적, 사회적 영향을 평가하고 조정하는 데에도 레토릭적 분석이 중요한 역할을 할 수 있다. 이러한 레토릭 능력을 통해 우리는 다른 사람들과 원활하게 소통할 수 있을 뿐만 아니라, AI 기술을 효과적으로 활용해 다른 사람들을 설득하거나 영향을 미칠 수 있다. 따라서 AI 시대에는 레토릭 능력을 향상시키는 것이 중요하다. 그러므로 AI 기술을 효과적으로 활용하고 인간 중심의 가치를 고려해 사회적으로 윤리적인 방향으로 발전시키기 위해서는 레토릭 능력이 필수적이다.

AI 시대의 레토릭은 전통적인 설득의 기술을 넘어서 복잡한 기술적 개념을 대중에게 이해시키고, AI의 윤리적 사용을 촉진하며, 인간과 기계의 상호작용을 개선하는 데 중요한 역할을 한다. 예를 들어 AI 기술의 잠재적 위험성에 대한 대중의 우려를 해소하거나 AI가 제시한 해결책의 타당성을 평가하는 데에도 레토릭적 기술이 필요하다(Bostrom & Yudkowsky, 2014). 따라서 미래의 리더와 의사 결정자들에게는 AI 기술에 대한 이해와 함께 강력한 레토릭 능력이 요구될 것이다. 요약하자면, AI는 논리적 문제 해결에 강하지만 인간 커뮤니케이션의 맥락적 고려가 부족하므로, 이를 보완하기 위해 AI가 사회적 맥락과 인간 상호작용을 더 잘 이해하고 반영할 수 있도록 수사학적 접근이 필요하다는 것이다. 과거 스피치 능력이 필수였던 시기가 있었지만, 지금 시대에는 스피치 능력은 기본이고 레토릭 능력을 갖추어야 자신의 가치가 더욱 높아진다. 그뿐만 아니라 AI 기술을 자유롭게 활용하려면 레토릭 능력은 더욱 필수적이다.

AI 시대 레토릭의 활용

20세기 후반까지 라디오, 영화, TV 등 전통적인 미디어가 일상생활의 주요 커뮤니케이션 수단이었다면, 21세기에 들어서는 디지털 미디어가 이를 보완하거나 대체하게 되었다. 컴퓨터와 통신 기술의 발전으로 디지털화된 콘텐츠의 빠른 생성과 유통이 가능해졌고, 커뮤니케이션 방식도 일방향에서 쌍방향, 실시간으로 변화했다. 이러한 디지털 혁명의 중심에 AI가 자리 잡으면서, 레토릭과 AI의 융합은 새로운 커뮤니케이션 패러다임을 제시하고 있다.

AI를 새로운 형태의 미디어로 간주할 때, 레토릭과의 융합은 자연스럽게 이루어진다(김동규, 2022 재인용; Knape, 2012). 자연어 처리, 감성 분석, 생성형 AI 기술 등은 이미 레토릭과 깊이 융합된 디지털 기술의 예시다.

이러한 융합은 단순한 기술적 결합을 넘어 인간의 인지 과정과 의사 결정 메커니즘에 대한 깊은 이해를 바탕으로 한다. 예를 들어 인지심리학과 행동경제학 분야의 선구자로 노벨 경제학상 수상자인 대니얼 카너먼(Daniel Kahneman)의 이중 처리 이론에 따르면, 인간의 사고 과정은 빠르고 직관적인 '시스템 1'과 느리지만 논리적인 '시스템 2'로 구분된다(Kahneman, 2011). 따라서 레토릭과 융합한 AI 시스템은 이러한 인간의 사고 과정을 모방해 더욱 효과적인 설득 전략을 수립할 수 있다.

이러한 시대적 변화와 디지털 기술의 발전으로 AI 시대의 AI가 레토릭을 활용하고 발전시키는 방법도 다양해질 수 있을 것이다. 예를 들어 AI는 대량의 텍스트 데이터를 분석해 인간의 언어 사용 방식을 학습하고 효과적인 논리와 감정적 설득을 위한 다양한 레토릭 기술을 습득할 수 있다. 또한 AI는 사용자의 언어 특성과 취향뿐만 아니라 문화적 배경, 가치관, 현재의 감정 상태까지 고려한 복합적인 접근을 통해 개인화된 레토릭 전략을 구사할 수 있으므로 설득의 효과를 크게 높일 수 있다(Kreuter et al., 2013). AI는 음성, 이미지, 동영상 등 다양한 매체를 활용해 다채로운 레토릭 기법을 적용함으로써 사용자에게 효과적으로 메시지를 전달할 수 있다.

AI는 사용자의 반응을 실시간으로 분석하고 이에 따라 레토릭 전략을 즉각적으로 조정할 수 있다. 이는 전통적인 레토릭에서는 불가능했던 '적응형 레토릭'의 구현을 가능하게 한다(Sundar et al., 2016). 마지막으로 AI는 사용자와의 상호작용으로 얻은 피드백을 분석해 레토릭 전략을 지속적으로 수정하고 개선할 수 있다.

이러한 AI 기반 레토릭의 발전은 커뮤니케이션과 설득의 영역에 새로운 가능성을 열어 주지만, 동시에 중요한 도전 과제도 제기한다. 가장 큰 과제는 윤리적 측면이다. 지나치게 효과적인 설득 기술은 조작이나 기만으로 이어질 수 있으며, 개인의 자율성을 침해할 수 있다. 따라서 AI 레토릭의 개발과 활용에는 엄격한 윤리적 가이드라인과 규제가 필요하다(Bostrom & Yudkowsky, 2014). 또한 AI가 데이터를 기반으로 의사 결정을 수행하는 과정에서 인간은 그 데이터를 해석하고 의미를 부여하는 데 레토릭을 활용해야 한다. 이는 AI의 결정을 인간이 이해하고 수용할 수 있게 만드는 중요한 과정이다. 미래 전망을 보면, AI와 레토릭의 융합은 더욱 심화될 것으로 예상된다. AI는 인간의 언어와 감정을 더욱 정교하게 이해하고 모방할 수 있게 될 것이며, 이를 통해 더욱 효과적이고 개인화된 커뮤니케이션이 가능해질 것이다.

동시에 인간은 AI와의 상호작용을 통해 새로운 형태의 레토릭 기술을 개발하고 적용하게 될 것이다.

AI 시대의 레토릭 활용은 커뮤니케이션의 새로운 지평을 열고 있다. 이는 단순히 기술의 발전만을 의미하는 것이 아니라 인간의 의사소통과 설득 방식의 근본적인 변화를 의미한다. 앞으로 우리는 이러한 변화를 적극적으로 받아들이되 윤리적 고려 사항을 항상 염두에 두어야 할 것이다. 그렇게 함으로써 우리는 AI와 레토릭의 융합이 가져올 수 있는 혜택을 극대화하면서도 잠재적인 위험을 최소화할 수 있을 것이다.

참고문헌

김동규(2022). 디지털 레토릭 구축의 타당성과 가능성 연구. ≪수사학≫, 45, 121-145.

Bostrom, N., & Yudkowsky, E.(2014). The ethics of artificial intelligence. *The Cambridge handbook of artificial intelligence*, 316, 334.

Hunter, L.(1991). Rhetoric and Artificial Intelligence. *Rhetorica*. Project MUSE.

Knape, J.(2012). *Modern rhetoric in culture, arts, and media: 13 essays*. Walter de Gruyter.

Kahneman, D.(2011). *Thinking, fast and slow*. Farrar, Straus and Giroux.

Kreuter, M. W., et al.(2013). *Tailoring health messages:*

Customizing communication with computer technology. Routledge.

Perrault, R., et al.(2019). The AI index 2019 annual report. AI Index Steering Committee, Human-Centered AI Institute, Stanford University, Stanford, CA.

Sundar, S. S., et al.(2016). Theoretical importance of contingency in human-computer interaction: Effects of message interactivity on user engagement. *Communication Research, 43*(5), 595-625.

04
디지털 레토릭

전통적인 레토릭의 원칙과 기술을 디지털 환경에 맞게 확장하고 변형한 디지털 레토릭의 개념과 디지털 공간에서의 의사소통, 설득, 정보 전달의 방식을 탐구한다.

디지털 레토릭의 개념

아리스토텔레스가 기원전 336년에서 기원전 330년 사이에 수사학을 발표하기 훨씬 이전부터 광범위한 탐구와 논쟁의 대상이 되어 온 '수사학'과 달리, 소수의 학자만이 디지털 레토릭(Digital Rhetoric)에 대한 포괄적인 정의를 개발했다. 디지털 레토릭이라는 용어는 1989년 10월 리차드 래넘(Richard Lanham)에 의해 처음 사용된 것으로 보는 견해가 많다(Tuman, 1992; Lanham, 1992; Eyman, 2015). 래넘은 컴퓨터를 매개로 한 커뮤니케이션과 레토릭을 연결해 컴퓨터가 실제적으로 종종 논리적인 장치이면서 수사학적 장치라는 점을 강조했다. 한편으로 더글라스 에이먼(Douglas Eyman)은 디지털 레토릭을 디지털 텍스트에 수사학 이론을 적용하는 것으로 간단하게 정의하기도 했다(Eyman, 2015; Herrick, 2021). 이와 함께 디지털 레토릭 연구의 선구자인 제임스 제펀(James P. Zappen)은 디지털 레토릭이 단순히 기존 레토릭 이론을 디지털 환경에 적용하는 것을 넘어 디지털 기술이 만들어 내는 새로운 커뮤니케이션 환경과 그에 따른 설득 및 표현 방식의 변화를 포괄적으로 연구하는 분야임을 강조한다(Zappen, 2005). 국내에서는 김동규가 디지털 소통과 레토릭(공적 말하기)을 융합한 학문적 영역을 디지털 레토릭이라 명명하기도 했는데, 그는 디지털 레토릭을 하나의 학문 분야로 구축하기 위해 시도하고 있다(김동규, 2022). 이처럼 디지털 레토릭은 디지털 미디어와 설득 기술을 이용한 의사소통 기술을 의미하며, 디지털 기술의 발전과 함께 융합하면서 확장되고 있다.

전통적인 레토릭이 말과 글을 통해 사람들을 설득하는 기술이라면, 디지털 레토릭은 4차 산업혁명에 맞추어 디지털 기술을 기반으로 한 소통 기술의 하나로 인터넷, 소셜 미디어, 멀티미디어 등의 디지털 플랫폼을 통해 메시지를 전달하고 설득하는 방법이다. 디지털 소통 능력이 우선시되고 있는 많은 분야에서 필요로 하지만, 디지털 기술의 발전과 함께 레토릭을 융합한 디지털 레토릭이라는 학문 분야는 아직 기초 단계에 머물러 있다. 물론 디지털 레토릭을 이해하기 위해서는 분명 전통적 레토릭에 대한 이해가 수반되어야 한다. 따라서 디지털 시대가 요청하는 소통 기술이 매체 기반의 문자적 문해력보다는 매체 기반의 구어적 소통력이라는 점을 볼 때, 디지털 레토릭은 미래 사회의 소통에서 더욱 중요해지고 있다. 디지털 레토릭의 발전과 함께 이를 분석하고 평가하는 방법론 또한 진화하고 있다. 소셜 미디어 플랫폼에서의 바이럴 마케팅 캠페인이나 정치인들의 온라인 연설 등은 새로운 형태의 레토릭 분석을 필요로 한다. 예를 들어 2008년 오바마 대통령의 소셜 미디어 캠페인은 디지털 레토릭의 효과적 사용과 그 영향력을 보여 주는 대표적 사례로 꼽힌다.

디지털 레토릭의 주요 분야

에이먼은 디지털 레토릭과 밀접하게 연관된 여러 분야에 주목하며, 디지털 리터러시(Digital literacy), 시각적 레토릭(Visual rhetoric), 뉴미디어(New media), 인간과 컴퓨터의 상호 작용(Human-computer interaction, HCI), 중요 코드 연구(Critical code studies) 등으로 구분하면서 디지털 레토릭과의 관계에 관심을 가졌다(Eyman, 2015).

먼저, 디지털 리터러시는 디지털 환경에서의 읽기, 쓰기, 정보 처리 능력을 의미한다. 에이먼은 디지털 리터러시가 디지털 레토릭의 기초가 된다고 보았다. 그는 디지털 텍스트를 이해하고 생산하는 능력이 디지털 레토릭의 실천에 필수적이며, 디지털 리터러시가 디지털 레토릭의 이론과 방법론을 적용하는 데 필요한 기본적인 기술과 지식을 제공한다고 강조했다. 그러나 디지털 레토릭은 단순한 리터러시를 넘어 효과적인 커뮤니케이션 전략과 설득의 기술을 포함한다는 점에서 더 포괄적인 개념이다.

시각적 레토릭은 이미지, 그래픽, 멀티미디어 요소를 사용해 의미를 전달하는 방법으로, 디지털 레토릭은 시각적 요소를 포함해 멀티모달 텍스트를 생성하고 분석하는 데 중점을 둔다. 디지털 환경, 특히 웹사이트, 소셜 미디어, 멀티미디어 프레젠테이션 등에서 효과적인 커뮤니케이션을 위해 필수적이라고 언급했다.

뉴미디어는 디지털 기술을 활용한 인터넷, 소셜 미디어, 모바일 애플리케이션 등을 포함하는 새로운 형태의 미디어를 의미한다. 에이먼은 디지털 레토릭이 뉴미디어를 통해 새로운 수사학적 전략과 방법을 개발하고 적용하는 과정에서 뉴미디어가 디지털 레토릭의 실현을 확장시키며, 전통적인 레토릭 이론을 새로운 디지털 컨텍스트에 맞게 재해석할 기회를 제공한다고 설명한다.

인간과 컴퓨터의 상호작용은 인간과 컴퓨터 시스템 간의 상호 작용을 연구하는 분야로, 디지털 레토릭은 인간과 컴퓨터의 상호작용 원리를 적용해 사용자의 경험을 개선하고 상호작용적인 디지털 텍스트를 설계한다. 에이먼은 인간과 컴퓨터의 상호작용이 디지털 레토릭의 실현에 중요한 영향을 미치며, 사용자 중심의 디자인과 상호작용적 커뮤니케이션 전략을 개발하는 데 도움이 된다고 언급했다.

마지막으로 중요 코드 연구는 소프트웨어 코드의 문화적, 사회적, 정치적 의미를 분석하는 분야로, 디지털 레토릭은 단순한 기술적 도구가 아니라 의미를 전달하고 형성하는 수사학적 장치로서 코드의 역할을 탐구한다. 에이먼은 중요 코드 연구가 디지털 레토릭의 범위를 확장하며, 코드 자체가 수사학적 분석의 대상이 될 수 있다고 설명한다. 이러한 각각의 분야들이 디지털 레토릭의 이론과 실현을 풍부하게 하며 디지털 환경에서의 효과적인 커뮤니케이션을 위해 상호 보완적으로 작용한다고 주장했다. 이를테면 디지털 기술 전반에 수사학적 요소가 포함되어 있으며, 이러한 요소들을 분석하고 연구하는 것이 디지털 레토릭의 목적이라 할 수 있다는 것으로 해석된다.

디지털 레토릭의 중요성

현대 디지털 시대에서는 수많은 디지털 플랫폼을 통해 정보가 신속하게 전달되고 피드백을 받기 때문에 효과적인 소통의 기술이 무엇보다 중요하다. 짧고 간결한 메시지, 이미지, 영상(쇼츠 등)으로 서로의 생각과 감정을 주고받기 때문이다. 이러한 변화 속에서 디지털 레토릭의 중요성은 더욱 커지고 있다.

디지털 레토릭은 우리가 정보를 전달하고 수용하는 방식을 근본적으로 바꾸어 놓고 있다. 지금 이 순간에도 다양한 미디어 플랫폼에서 수많은 콘텐츠가 생산되고 소비되고 있다. 그렇지만 사람들의 관심을 끌고 자신의 메시지를 효과적으로 전달하는 것은 쉬운 일이 아니다. 디지털 레토릭은 이러한 상황에서 짧은 시간 내에 강력한 인상을 남길 수 있는 능력을 의미한다. 이미지, 해시태그, 짧은 문구 등이 결합된 디지털 메시지는 사람들의 감정에 호소하고 행동을 유도하는 중요한 도구가 된다. 또한 디지털 레토릭은 정보를 전달할 뿐만 아니라 상호작용과 참여를 유도하는 데도 중요한 역할을 한다. 예를 들어 기업들은 소셜 미디어를 통해 고객과 직접 소통하며 고객의 의견을 실시간으로 반영할 수 있다. 이 과정에서 소비자와 기업 간의 신뢰와 관계가 형성된다. 이러한 상호작용은 디지털 레토릭의 핵심 요소로, 단순히 일방적인 메시지를 전달하는 것을 넘어서 청중과의 소통을 강화하는 데 기여한다.

마지막으로 디지털 레토릭은 공공 담론과 사회적 변

화를 이끄는 중요한 도구로 작용한다. 온라인 캠페인, 해시태그 운동, 바이럴 콘텐츠 등을 통해 우리는 사회적 문제에 대한 인식을 높이고 변화를 촉구할 수 있다. 예를 들어 #MeToo 운동이나 환경 보호를 위한 온라인 캠페인들은 디지털 레토릭의 힘을 보여 주는 대표적인 사례다. 디지털 플랫폼을 통해 사람들은 자신의 목소리를 낼 수 있고, 이를 통해 사회적 변화를 일으킬 수 있다.

디지털 레토릭의 활용

현대 디지털 사회를 지나 AI 시대에 살고 있는 우리가 디지털 레토릭을 효과적으로 활용하려면 어떻게 해야 할까? 첫째, 메시지를 간결하고 명확하게 전달하는 것이 중요하다. 사람들은 긴 글보다는 짧고 인상적인 메시지에 더 쉽게 반응하기 때문이다. 둘째, 감정적인 호소를 활용하는 것이 효과적이다. 감정은 사람들을 움직이게 하는 강력한 도구이므로, 메시지를 전달할 때 감정적 요소를 포함하는 것이 좋다. 셋째, 상호작용을 유도하는 방법을 고민해야 한다. 질문을 던지거나 피드백을 요청하는 등의 방식으로 청중이 참여할 수 있도록 유도하면 더 깊은 소통이 이루어질 수 있기 때문이다.

디지털 시대에 필요한 새로운 의사소통 능력으로 '레토

러시(rhetoracy)'라는 개념이 제시되었다(김동규, 2022). 레토러시는 단순히 미디어 메시지를 읽고 해석하는 능력(미디어 리터러시)을 넘어 효과적으로 메시지를 만들고 소통할 수 있는 능력을 의미한다. 이는 디지털 레토릭의 핵심 목표와 일치하며, 디지털 환경에서의 효과적인 의사소통과 설득을 위한 종합적인 능력을 강조한다. 디지털 레토릭은 현대 사회에서 우리가 살아가는 방식 자체를 바꾸어 놓고 있다. 이를 효과적으로 활용하면 개인이든 기업이든 자신이 원하는 바를 더 잘 전달하고 더 큰 영향력을 발휘할 수 있다. 디지털 시대에 성공적인 의사소통을 위해서는 디지털 레토릭의 중요성을 이해하고 이를 적극적으로 활용하는 것이 필수적이다.

참고문헌

김동규(2022). 디지털 레토릭 구축의 타당성과 가능성 연구. ≪수사학≫, 45, 121-145.

Eyman, D.(2015). *Digital rhetoric: Theory, method, practice.* University of Michigan Press.

Gainous, J., & Wagner, K. M.(2014). *Tweeting to power: The social media revolution in American politics.* Oxford University Press.

Herrick, J. A.(2021). *The history and theory of rhetoric*(7th ed). 강상현 옮김(2022). 『레토릭의 역사와 이론』. 컬처룩.

Lanham, R.(1992). *Digital rhetoric: Theory, practice, and property.* In Myron Tuman (Ed.), *Literacy online: The promise (and peril) of reading and writing with computers* (221–43). Pittsburgh, PA: University of Pittsburgh Press.

Lanham, R.(1993). *The electronic word: Democracy, technology, and the arts.* Chicago: University of Chicago Press.

Tuman, M.(1992). *Literacy online: The promise (and peril) of reading and writing with computers.* Pittsburgh, PA: University of Pittsburgh Press.

Zappen, J. P.(2005). Digital Rhetoric: Toward an Integrated Theory. *Technical Communication Quarterly, 14*(3), 319–325.

05
레토릭 분석의 진화

레토릭 분야의 주요 학자들이 고안한 여러 수사 분석 방법에 대해 탐구하고 초기 텍스트 마이닝 기법과 최근의 레토릭 마이닝 기법을 비교하면서 레토릭 마이닝의 향후 응용 가능성에 대해 논의한다.

레토릭 분석과 방법

디지털 시대의 도래와 함께 전통적인 레토릭 분석 방법은 새로운 도전에 직면하게 되었다. 디지털 레토릭의 특성은 기존 분석 방법으로는 포착하기 어려운 새로운 차원의 설득 전략을 가능하게 했다. 이에 따라 레토릭 분석 방법 또한 진화할 필요성이 대두되었다.

레토릭은 고대 그리스에서부터 현재까지 인간의 의사소통에서 중요한 역할을 해 오고 있다. 아리스토텔레스가 제시한 에토스(ethos), 파토스(pathos), 로고스(logos)의 수사학적 요소는 오늘날까지도 설득의 기본 원리로 사용되고 있다. 고전적으로 레토릭 분석은 화자가 청중을 설득하기 위해 사용하는 다양한 기법을 분석하는 과정으로, 아리스토텔레스의 세 가지 수사학적 요소들이 포함된다. 에토스는 저자의 자격, 경험, 전문성 등을 통해 어떻게 신뢰를 구축하는지를 분석할 수 있다. 파토스와 같은 감정적 호소가 얼마나 사용되었는지를 평가해 텍스트에서 사용된 감정적 요소를 식별하고, 이를 바탕으로 텍스트의 감정을 분석한다. 로고스와 같은 논리적 구조를 분석해 텍스트 내의 의미 관계를 파악하면서 문장 간의 논리적 연결고리를 식별하고, 텍스트가 얼마나 논리적으로 구성되어 있는지를 평가한다.

이를 통해 메시지가 어떻게 청중에게 받아들여지고 설득력을 가지게 되는지를 이해할 수 있게 되었으며, 텍스트나 연설이 작성된 맥락을 고려해 메시지를 분석할 수 있게 되었다. 이는 메시지가 전달되는 사회적, 정치적, 문화적 배경을 이해하고, 이 배경이 메시지의 설득력에 어떻게 영향을 미치는지를 평가하는 데 도움을 준다. 특히 언어가 어떻게 사람들의 생각과 행동에 영향을 미치는지를 단순한 단어의 선택뿐만 아니라 메시지의 구조, 반복, 비유 등 다양한 언어적 장치들을 통해 분석해 설득 과정에서 언어의 힘을 이해하기도 한다. 또한 텍스트나 연설을 비판적으로 평가하는 능력을 길러 준다. 이는 메시지가 얼마나 신뢰할 수 있는지, 그 논리가 얼마나 타당한지, 그리고 감정적 호소가 얼마나 정당한지를 평가하는 과정에서 비판적 사고를 요구한다.

텍스트, 연설 또는 다른 형태의 커뮤니케이션에서 사용된 데이터에서 언어의 고유한 요소를 분석하는 일은 레토릭 분석의 가장 기본적인 과정임과 동시에 주요한 목적이다. 또한 언어가 가지는 매력적인 수사적 특징을 객관적이고 다면적으로 분석해 특정 사회적 상황에서 저자(화자)가 특정 청중에게 어떠한 목적을 가지고 자신만의 기술로 어떤 효과나 영향을 미치려고 하는 것인지

파악하는 것은 레토릭을 분석하는 주요한 의미이기도 하다.

시간이 흐르면서 여러 학자들은 이러한 고전적 개념을 기반으로 다양한 레토릭 분석 방법을 발전시켰다(Bitzer, 1968; Burke, 1969; Perelman & Lucie, 1969). 최근에는 디지털 시대의 도래와 함께 레토릭 분석이 데이터 과학과 결합해 새로운 가능성을 열고 있다(Benoit et al., 2018; Blei et al., 2003; Hart, 2015). 현대 레토릭 분석에서는 디지털 미디어와 소셜 네트워크의 영향력을 고려하는 것이 중요하다. 온라인 플랫폼에서의 의사소통 방식, 밈(meme)의 사용, 해시태그 운동 등 새로운 형태의 레토릭이 등장하고 있으며, 이는 전통적인 레토릭 분석 방법의 확장을 요구한다. 또한 AI와 빅데이터 기술의 발전으로 대규모 텍스트 데이터에 대한 자동화된 레토릭 분석이 가능해지고 있어, 이를 통해 더욱 광범위하고 정확한 분석이 가능해지고 있다.

텍스트 마이닝과 레토릭 마이닝

과거의 많은 연구는 텍스트 데이터를 수집하고 분석하는 과정에서 인간 코더들의 수작업이 많이 필요했다. 하지만 최근 컴퓨터 기술이 발전하고 디지털 시대로 진입하면서 레토릭 분석은 단순한 이론적 연구를 넘어 데이터 기반의 분석으로 확장되었다. 이로 인해 다량의 데이터를 처리하는 데 컴퓨터 내용분석의 도움을 많이 받고 있다. 로더릭 하트(Roderick P. Hart)는 'DICTION' 프로그램을 통해 특정 단어의 사용으로 화자가 청자에게 알리고자 하는 수사적 의미를 파악했으며(Hart, 2001b; Hart, 2015), 제임스 펜네베이커(James W. Pennebaker)가 개인의 언어 등에 존재하는 감정적 · 인지적 · 구조적 요소를 연구하기 위해 개발한 'LIWC' 프로그램은 지금까지 많은 연구자들이 활용하고 있다(McDonnell et al., 2020; Pennebaker et al., 2001; Pennebaker et al., 2015).

초기 텍스트 마이닝 기법은 주로 단어 빈도(Keyword Frequency)나 군집화(Clustering), 키워드 추출(Keyword Extraction)과 같은 방법이었다. 이러한 도구와 기법들은 레토릭 분석을 자동화하고 대규모 데이터를 처리할 수 있게 해 주지만, 복잡한 수사학적 구조, 즉 문맥의 미묘한 차이나 문화적 특성을 완벽히 파악하는 데는 여전히 한계가 있었다. 또한 단어의 빈도나 단순한 군집 분석만으로는 텍스트가 가지고 있는 의미나 설득 전략을 파악하기 어려웠기 때문이었다. 예를 들어 은유나 반어법과 같은 수사적 기법을 인식하는 데 어려움이 있었고, 문맥에 따른 단어의 의미 변화를 포착하지 못하는 경우가 많았다. 또한 문장 구조나 텍스트의 전체적인 구성을 분석하는 데도 한계가 있었다. 현재까지도 레토릭 분석은 인간 분석가의 통찰력과 결합할 때 가장 효과적인 결과를 얻을 수 있다. 그러나 이러한 초기 기법들은 현대의 더 복잡한 자연어 처리 기술과 기계학습 알고리즘의 발전을 위한 기초를 마련했으며, 텍스트 데이터의 양적 분석에 대한 새로운 시각을 제시했다는 점에서 그 의의가 크다.

최근에는 AI와 기계학습 기술을 활용한 자연어 처리(Natural Language Processing, NLP) 기법이 레토릭 분석에 적용되고 있으며, 이를 통해 더욱 정교하고 대규모의 텍스트 분석이 가능해졌다. 텍스트 마이닝 기법이 더욱 정교해지면서 AI 기술의 발전과 함께 레토릭 마이닝(Rhetoric Mining)이라는 새로운 분야가 주목받고 있다. 레토릭 마이닝은 고전 수사학의 원리를 현대 데이터 분석 기술과 결합한 새로운 접근법이다. 초기의 텍스트 마이닝 기법이 단순한 데이터 추출을 통해 텍스트 데이터를 분석하는 데 중점을 두었다면, 레토릭 마이닝은 텍스트 내의 수사학적 요소를 자동으로 식별해 수사 전략과 설득 요소들을 분석하는 데 초점을 맞추고 있는 기술이다. 이러한 기술은 자연어 처리와 딥러닝 기술의 발전에 힘입어 가능해졌으며, 정치 연설, 광고, 소셜 미디어 게시물 등 다양한 텍스트에서 설득 전략을 자동으로 분석하고 평가하는 데 사용된다.

레토릭 마이닝 분석과 활용

텍스트 마이닝에서 레토릭 마이닝으로의 변동은 AI 기술, 즉 기계학습과 딥러닝을 활용하면서 이어지고 있다. 기계학습(Machine Learning)은 컴퓨터가 데이터를 바탕으로 패턴을 학습하고 이를 바탕으로 예측하거나 분류하는 기술이다. 텍스트 분석 분야에서는 기계 학습 알고리즘이 텍스트 데이터를 학습해 특정 패턴을 식별하고 이를 바탕으로 텍스트의 의미를 해석한다. 딥러닝(Deep Learning)은 기계 학습의 한 분야로, 인공신경망(Artificial Neural Networks)을 기반으로 한 기술이다. 딥러닝은 특히 자연어 처리에서 강력한 성능을 발휘한다. 자연어 처리는 컴퓨터가 인간 언어를 이해하고 처리할 수 있도록 돕는 기술로, 레토릭 마이닝에서 핵심적인 역할을 한다. 딥러닝 기반의 자연어 처리 모델은 대량의 텍스트 데이터를 학습해 언어의 문맥을 이해하고, 텍스트 내의 수사학적 요소를 자동으로 식별한다. 예를 들어 BERT(Bidirectional Encoder Representations from Transformers)와 같은 딥러닝 모델은 문장 내의 단어 관계를 학습해 텍스트의 의미를 정확히 이해할 수 있다. 데블린 등(Devlin et al., 2018)이 제안한 BERT 모델은 양방향 학습을 통해 문맥을 더 정확하게 파악할 수 있어, 레토릭 마이닝에서 중요한 도구로 활용되고 있다. 이러한 모델을 통해 AI는 특정 텍스트가 어떤 설득 전략을 사용하고 있는지, 청중에게 어떤 영향을 미칠지 예측할 수 있다.

레토릭 마이닝은 다양한 분야에서 기술적으로 활용할 가능성이 크다. 첫째, 정치적 분석에서 레토릭 마이닝은 후보자들의 연설이나 토론 등 정치 이슈에서 사용된 설득 전략을 분석해 그 효과를 평가할 수 있다. 이는 정치 캠페인에서 중요한 역할을 할 수 있으며, 예를 들어 소셜 미디어 데이터에 레토릭 마이닝 기법을 적용해 정치 담론의 변화를 분석한 연구에 따르면, 특정 이슈에 대한 대중의 태도 변화를 레토릭 마이닝을 통해 효과적으로 추적할 수 있음을 보여 주었다(Liu et al., 2019). 둘째, 마케팅에서도 레토릭 마이닝은 강력한 도구로 작용할 수 있다. 광고 메시지나 고객 리뷰에서 사용된 수사학적 전략을 분석함으로써, 기업은 더 효과적인 마케팅 전략을 수립할 수 있다. 소비자들이 어떤 감정적 반응을 보이는지를 분석해 제품의 마케팅 방향을 조정할 수 있다. 예를 들어 텍스트 내에서 반복적으로 등장하는 주제를 식별해 특정 텍스트가 어떤 주제에 초점을 맞추고 있는지, 그리고 이러한 주제가 청중에게 어떤 영향을 미칠지 분석할 수 있다. 셋째, 교육 분야에서도 레토릭 마이닝은 학생들의 글쓰기 능력을 평가하고 개선하는 데 도움을 줄 수 있다. 학생들이 작성한 글에서 수사학적 요소를 자동으로 분석해 피드백을 제공함으로써 더 효과적인 글쓰기 교육이 가능해질 것이다. 결론적으로, 초기 텍스트 마이닝 기법은 귀중한 정량적 통찰력을 제공했지만, 최근의 수사적 마이닝 기법은 텍스트가 어떻게 설득하고 소통하는지에 대한 더 풍부하고 미묘한 이해를 제공한다. 학자들은 양적 접근과 질적 접근을 결합함으로써, 다양한 형태의 의사소통에서 사용되는 복잡한 수사 전략을 더 잘 분석하고 해석할 수 있게 되었다.

참고문헌

박성희(2016). 『레토릭』, 커뮤니케이션북스.

Aristotle(2007). *On Rhetoric: A Theory of Civic Discourse* (G. A.

Kennedy, Trans.). Oxford University Press.
Benoit, K., et al.(2018). quanteda: An R package for the quantitative analysis of textual data. *Journal of Open Source Software, 3*(30), 774.
Bitzer, L. F.(1968). The Rhetorical Situation. *Philosophy & Rhetoric, 1*(1), 1-14.
Blei, D. M., et al.(2003). Latent Dirichlet Allocation. *Journal of Machine Learning Research*, pp. 993-1022.
Burke, K.(1969). *A Rhetoric of Motives*. University of California Press.
Devlin, J., et al.(2019). BERT: Pre-training of deep bidirectional transformers for language understanding. arXiv.
Fahnestock, J.(2011). *Rhetorical Style: The Uses of Language in Persuasion*. Oxford University Press.
Grimmer, J., & Stewart, B. M.(2013). Text as data: The promise and pitfalls of automatic content analysis methods for political texts. *Political analysis, 21*(3), 267-297.
Hart, R. P.(2001a), *Campaign Talk: Why Elections Are Good for Us*. Princeton University Press.
Hart, R. P.(2001b). Redeveloping DICTION: theoretical considerations. *Progress in communication sciences*, 43-60.
Hart, R. P.(2015). Genre and automated text analysis: A demonstration. *Rhetoric and the digital humanities*, 152.
Herrick, J. A.(2021). *The history and theory of rhetoric*(7th ed). 강상현 옮김(2022). 『레토릭의 역사와 이론』. 컬처룩.
Kotler, P., & Keller, K. L.(2016). *Marketing management*(15th ed.). Pearson.
Liu, Y., et al.(2019). RoBERTa: A robustly optimized BERT pretraining approach. arXiv.

Manning, C. D., & Schütze, H.(1999). *Foundations of statistical natural language processing.* MIT press.

McDonnell, M., et al.(2020). Identification of Emotional Expression With Cancer Survivors: Validation of Linguistic Inquiry and Word Count. *JMIR formative research, 4*(10), e18246.

Pang, B, & Lillian L.(2008). Opinion Mining and Sentiment Analysis, *Foundations and Trends in Information Retrieval,* vol. 2, no. 1-2, pp. 1-135.

Pennebaker, J. W., et al.(2015). The development and psychometric properties of LIWC2015. Austin, TX: University of Texas at Austin.

Pennebaker, J. W., et al.(2001). Linguistic Inquiry and Word Count (LIWC): LIWC2001. Mahwah: Lawrence Erlbaum Associates.

Perelman, C. & Lucie, O.(1969). *The New Rhetoric: A Treatise on Argumentation.* University of Notre Dame Press.

06
딥러닝과 레토릭

AI 기술의 발전으로 인해 레토릭의 구현과 적용 방식이 크게 변화하고 있다. 이러한 기술 발전이 레토릭에 미치는 영향을 탐구한다.

자연어 처리 기술의 이해

자연어 처리는 컴퓨터가 인간의 언어를 이해하고 생성할 수 있도록 컴퓨터와 인간 간의 상호 작용을 가능하게 만드는 AI 기술이다. 다시 말해 인간의 텍스트와 음성 데이터에서 의미를 추출하고 이를 바탕으로 자연스러운 언어의 생성과 상호 작용을 가능하게 하는 것이다. 그러므로 인간이 사용하는 언어 인식과 유사해야 한다. 따라서 인간의 언어 인식 체계를 그대로 모방하는 수준에 이르러야만 비로소 그 성능을 인정받을 수 있다(지승학, 2020).

자연어 처리 기술의 발전은 레토릭의 구현과 적용 방식에 큰 변화를 일으켰다. 이는 언어를 처리하는 것뿐만 아니라 효과적인 설득과 의사소통을 위한 도구로도 자연어 처리 기술이 활용될 수 있음을 의미한다. 자연어 처리 기술은 크게 기계학습과 딥러닝을 기반으로 발전했으며, 최근의 자연어 처리 기술은 번역, 음성 인식, 대화형 AI 등 다양한 분야에 사용되고 딥러닝 기술이 발전되면서 챗GPT와 같은 초거대 언어 모델(Large Language Models, LLMs)로까지 진화했다.

1950년대부터 시작된 초기 AI 연구에서 자연어 처리 기술은 언어학적 지식을 바탕으로 규칙을 정의하는, 이

른바 규칙 기반 접근법에 집중되었는데, 문법 규칙을 적용해 문장을 분석하거나 번역하는 시스템이었다. 그러나 이 기술은 언어가 가지고 있는 복잡성을 충분히 반영하지 못했다. 1990년대에 들어서면서 대규모 데이터와 컴퓨팅 파워의 증가로 통계 기반 모델이 자연어 처리 분야에서 주목받기 시작했다. 언어의 확률적 특성을 활용해 언어를 분석하며, 기계 번역, 음성 인식, 문서 분류 등에서 좋은 성과를 거두었다. 2000년대 중반에는 서포트 벡터 머신(SVM), 로지스틱 회귀(Logistic Regression) 등 다양한 기계 학습 알고리즘이 자연어 처리에 적용되기도 했다. 그러나 이 시기에도 모델이 복잡한 문맥을 이해하거나 새로운 작업에 적응하는 데는 한계가 있었다. 2010년대 중반부터 딥러닝이 자연어 처리 분야에 본격적으로 도입되면서 순환 신경망(Recurrent Neural Networks, RNN)과 장단기 메모리(Long Short-Term Memory, LSTM) 구조가 자연어 처리 작업에 활용되면서 문장의 시퀀스나 문맥을 이해하고 처리하는 능력이 크게 향상되었다. 이러한 모델들은 문장 내 단어 순서와 같은 시퀀스 데이터를 효과적으로 다루며 언어 처리의 정밀도를 높였다. 2014년에는 워드 임베딩(Word Embedding) 기술인 Word2Vec과 GloVe가 등장하면서, 단어를 벡터

공간에 표현하고 단어 간 유사도를 계산하는 방법이 크게 개선되었다. 이를 통해 단어의 의미를 벡터로 표현할 수 있게 되었고, 언어 모델링과 문서 분류 작업에서 성능이 크게 향상되었다.

딥러닝 기반 자연어 처리의 가장 큰 혁신은 2017년 트랜스포머(Transformer) 모델의 등장이다. 구글이 발표한 트랜스포머는 어텐션 메커니즘(Attention Mechanism)을 통해 자연어 처리 성능이 크게 향상되었다. 이후 대규모 텍스트 데이터를 통해 미리 학습된 상태에서 특정 작업에 맞게 추가 학습하는 사전 훈련된 언어 모델(Pre-training and Fine-tuning) 방식인 BERT(Bidirectional Encoder Representations from Transformers)와 GPT(Generative Pre-trained Transformer) 시리즈가 도입되면서 뛰어난 성능을 보여 주었다. 2020년대에 들어서면서 초거대 언어 모델이 자연어 처리의 최전선에 자리잡았다. 예를 들어 GPT-3는 1750억 개의 파라미터를 갖춘 대규모 모델로, 번역, 요약, 대화 생성 등 다양한 작업에서 사람과 유사한 성능을 보여 주며 큰 관심을 받았다. 이들 모델은 대규모 데이터셋을 기반으로 학습되어 여러 작업에서 높은 성능을 발휘하며 실제 애플리케이션에 통합되고 있다. 더불어 멀티모달 모델(Multimodal

Models)의 연구도 활발하게 진행되어, 텍스트와 이미지, 음성 등을 동시에 처리할 수 있는 능력을 갖춘 모델이 등장하고 있다. 이러한 딥러닝 기술의 발전은 자연어 처리의 성능을 크게 향상시켰고, 이는 레토릭의 구현에도 새로운 가능성을 열어 주었다. 최근 GPT-4 모델이 정확한 파라미터 수를 공개하지는 않았지만 GPT-3에 비해 다양한 실제 응용하는 측면에서 더 뛰어난 성능을 보여주고 있다. GPT-4 이후 개선되어 출시되는 차기 GPT 모델의 성능이 더 기대되는 부분이다.

딥러닝 그리고 레토릭

디지털 레토릭 분야의 선구자인 제임스 제펀(James P. Zappen)은 디지털 레토릭이 다양한 분야의 이론을 통합해야 한다고 주장한다(Zappen, 2005). 이 통찰은 딥러닝과 레토릭의 융합에도 적용될 수 있다. 딥러닝과 레토릭의 결합은 단순히 두 분야를 기계적 통합하는 것이 아니라 컴퓨터 과학, 언어학, 심리학, 커뮤니케이션 이론 등 다양한 학문 분야의 지식을 종합적으로 활용해야 하는 복잡한 과정이다

딥러닝의 발전은 자연어 처리와 레토릭의 연결을 강화하는 데 중요한 역할을 했다. 딥러닝 기술을 통해 컴퓨

터는 언어의 복잡한 구조와 의미를 보다 깊이 이해하게 되었고, 이는 레토릭의 핵심 요소인 설득력 있는 언어 생성에 기여했다. 딥러닝 기반의 초거대 언어 모델은 컴퓨터가 사람처럼 언어를 생성할 수 있는 능력을 갖추게 했다. 이러한 모델들은 설득력 있는 문장 생성, 감정 표현과 공감, 복잡한 논리적 구조의 언어 생성 등에 탁월한 능력을 발휘하며, 레토릭의 구현을 가능하게 한다.

최근에는 텍스트 외에도 이미지, 음성 등 다양한 데이터를 동시에 처리할 수 있는 멀티모달 모델이 발전하고 있다. 이러한 모델들은 언어 외에도 비언어적 요소를 통합해 더 풍부한 커뮤니케이션을 가능하게 하며, 이는 레토릭의 여러 요소를 더욱 정교하게 표현하는 데 기여하고 있다. 예를 들어 텍스트와 이미지를 동시에 이해하고 생성하는 능력은 설득력 있는 프레젠테이션이나 광고 생성에 유용하게 활용될 수 있다.

기계 학습과 딥러닝이 레토릭에 미치는 영향

기계 학습과 딥러닝 기술의 발전은 레토릭, 즉 설득의 기술에도 깊은 영향을 미치고 있다. 레토릭은 메시지를 효과적으로 전달하고 청중을 설득하는 기술로, 자연어 처리 기술이 여기에 미치는 영향은 다음과 같다. 첫째, 개인화된 콘텐츠 생성이다. 기계 학습과 딥러닝 기술을 활용해 개인화된 메시지나 콘텐츠를 생성할 수 있다. 마케팅 분야에서는 고객의 선호도와 행동 데이터를 분석해 맞춤형 광고를 생성하고, 이는 레토릭의 효과를 극대화하는 데 도움을 준다. 또한 콘텐츠 생성 AI는 특정 주제나 스타일에 맞는 글을 자동으로 작성해 브랜드의 메시지를 일관되게 유지할 수 있다.

둘째, 감정 분석과 피드백이다. 딥러닝 기반의 감정 분석 기술은 청중의 반응을 실시간으로 분석하고, 이에 따라 메시지를 조정할 수 있게 한다. 예를 들어 소셜 미디어의 댓글이나 피드백을 분석해 청중의 감정을 이해하고 이를 기반으로 설득 전략을 수정할 수 있다. 이 기술은 정치 연설, 광고 캠페인 등에서 특히 유용하다.

셋째, 설득력 있는 문구의 생성이다. AI 기반의 텍스트 생성 기술은 설득력 있는 문구를 자동으로 생성할 수 있다. 예를 들어 GPT와 같은 모델을 사용해 설득력 있는 광고 문구나 캠페인 메시지를 작성하거나 효과적인 연설문을 작성하는 데 도움을 줄 수 있다. 이러한 기술은 레토릭의 전략적 요소를 강화하고 효과적인 커뮤니케이션을 지원한다.

넷째, 대화형 인터페이스와 상호작용이다. 챗봇이나

가상 비서는 딥러닝 기술을 활용해 사용자와 대화를 자연스럽게 진행하고, 사용자의 요구에 맞는 적절한 응답을 제공한다. 이들은 레토릭의 중요한 요소인 상호작용을 개선해 사용자와의 관계를 강화할 수 있다. 특히 고객 서비스 분야에서의 활용이 두드러지고 있다.

다섯째, 교육과 학습이다. AI 기반의 교육 도구는 학습자에게 맞춤형 학습 자료와 피드백을 제공해 학습 효과를 극대화한다. 이러한 도구들은 레토릭을 활용해 학습자의 이해를 돕고 효과적인 학습 전략을 제공할 수 있다.

이러한 기술의 발전은 레토릭의 적용 범위를 크게 확장시켰지만, 동시에 새로운 윤리적 문제도 제기하고 있다. AI가 생성한 설득력 있는 가짜 뉴스나 딥페이크 영상은 사회적 혼란을 야기할 수 있으며, 개인정보 보호와 관련된 문제도 제기될 수 있다. 이에 대응하기 위해 현재 국내뿐만 아니라 여러 국가와 기관에서 AI 윤리 가이드라인을 수립하고 있다. 예를 들어 유럽연합(EU)에서는 'AI Act'와 같은 규제 방안이 논의되고 있으며(European Commission, 2021), 국내에서도 관련 법률들이 국회에 지속적으로 상정되고 있다. 따라서 앞으로는 이러한 기술의 책임 있는 사용과 윤리적 가이드라인 수립이 중요한 과제가 될 것이다.

딥러닝 기술의 발전과 함께 AI가 레토릭을 구현하는 방식은 앞으로 더욱 다양하고 심화될 것이며, 이는 인간의 언어적 창의성과 설득력을 기술적으로 확장하는 데 기여할 것이다. 이는 커뮤니케이션의 효율성을 크게 향상시키는 동시에 우리에게 기술의 윤리적 사용에 대한 깊은 성찰을 요구하고 있다. 앞으로 이 분야의 발전이 우리 사회와 문화에 어떤 영향을 미칠지 지속적으로 주목할 필요가 있다.

참고문헌

지승학(2020). 딥러닝 자연어처리(NLP)와 일반수사학 (General Rhetoric)과의 융합적 접점 분석-그룹 뮤(Groupe μ)의 『A General Rhetoric』을 중심으로. ≪기호학 연구≫, 64(0), 121–150.

Brown, T. B., et al.(2020). Language models are few–shot learners. arXiv.

European Commission(2021). Proposal for a Regulation laying down harmonised rules on artificial intelligence. Brussels: European Commission.

Zappen, J. P.(2005). Digital Rhetoric: Toward an Integrated Theory. *Technical Communication Quarterly, 14*(3), 319–325.

07
AI의 레토릭 기법

AI의 자연어 처리 기술을 바탕으로, 전통적 레토릭 요소들이 AI 시스템에서 어떻게 구현되고 있는지 살펴본다. 또한 이러한 AI 레토릭 기법의 효과성과 한계를 논의한다.

AI의 레토릭: 디지털 시대의 설득 기술

인공지능이 인간과 상호작용할 때 단순히 학습된 정보만을 전달하기보다는, 인간이 언어를 통해 감정을 표현하고 논리적으로 설득하며 다양한 맥락에서 적절한 레토릭 요소를 사용하는 것처럼 인공지능도 효과적으로 상호작용할 수 있다면 인공지능과 인간의 상호작용은 훨씬 더 자연스러울 것이다. AI가 사용자에게 새로운 제품이나 콘텐츠를 추천할 때 단순한 정보 전달보다는 사용자에게 맞는 이유를 제시하고 공감할 수 있는 방식으로 설득한다면 사용자는 더 긍정적인 반응을 보일 것이다. 이는 인간의 의사소통에서 레토릭이 중요한 이유와 같다. 설득과 공감을 통해 사람들을 행동하게 만드는 것이기 때문이다.

특히 인간은 감정을 기반으로 결정을 내리기도 하는데, AI가 이러한 인간의 감정적인 요소를 이해하고 적절히 표현하며 사용자와 정서적으로 연결될 수 있다면 사용자는 AI에 더 신뢰를 갖게 될 것이다. 레토릭은 이러한 감정적 연결을 가능하게 하는 핵심 요소다. 예를 들어 고객 서비스를 제공하는 챗봇이 고객의 불만을 처리할 때, 단순히 해결책을 제시하기보다 공감하는 말투와 감정적인 표현을 사용해 고객의 기분을 달래는 것이 중요하다.

이를 통해 AI는 고객과의 신뢰를 구축할 수 있다. 또한 레토릭은 단순한 언어적 표현을 넘어 사회적, 문화적 맥락을 이해하고 반영하는 능력을 포함한다. AI가 이러한 맥락을 고려해 인간과 상호작용한다면, 다양한 상황에서 적절한 표현과 반응을 할 수 있다. 이는 특히 다양한 문화와 배경을 가진 사용자와 상호작용할 때 중요하다. 예를 들어 AI가 국제적인 사용자와 소통할 때 각 문화의 독특한 표현 방식과 사회적 규범을 이해하고 반영하는 것이 중요하다. 레토릭 기술을 통해 AI는 이러한 다양한 맥락을 효과적으로 다룰 수 있다.

인간이 언어를 통해 감정을 표현하고 논리적으로 설득하며 다양한 맥락에서 적절한 레토릭 요소를 사용하는 것처럼 AI도 이를 효과적으로 구현할 수 있어야 한다. AI가 이러한 레토릭 요소를 갖춘다면, 사람들과 더 복잡한 상호작용을 수행할 수 있게 된다. 비즈니스 협상이나 의사 결정 지원 시스템에서 AI가 사용자의 요구를 이해하고 설득력 있는 대안을 제시할 수 있다면, AI는 단순한 도구가 아니라 굿파트너로서의 역할을 수행할 수 있게 된다.

AI의 레토릭

AI의 레토릭은 전통적인 레토릭의 원칙과 요소들을 기반으로 하지만, 디지털 환경의 특성에 맞게 재해석해 적용하고 있다. 에토스(Ethos)적으로, AI는 사용자의 과거 행동, 선호도, 검색 기록 등을 분석해 각 개인에게 맞춤화된 메시지를 제공한다. 예를 들어 넷플릭스(Netflix)의 추천 시스템은 사용자의 시청 기록을 분석해 개인화된 콘텐츠를 추천한다. 이 추천 시스템은 사용자 시청의 80%를 차지할 정도로 효과적이다(Gomez-Uribe & Hunt, 2015). 챗봇이나 대화형 AI는 일관된 톤과 대화 스타일을 유지해 브랜드 아이덴티티를 강화한다. AI는 관련 데이터나 통계를 인용하거나, 전문 용어를 적절히 사용해 AI의 조언이나 추천에 대한 신뢰도를 높이는 효과가 있다.

파토스(Pathos)적으로, AI는 다양한 방법으로 사용자의 감정에 호소하고 공감을 끌어낸다. AI 시스템은 사용자의 텍스트나 음성에서 감정을 분석하고, 적절한 톤과 내용으로 응답한다. AI는 데이터를 흥미로운 이야기 형태로 재구성해 전달한다. 이는 특히 마케팅 분야에서 효과적으로 사용되며, 브랜드나 제품에 대한 감정적 연결을 만들어 낸다. 예를 들어 오토메이티드 인사이트(Automated Insights)의 워드스미스(Wordsmith) 플랫폼은 스포츠 경기 결과나 재무 보고서 등을 자동으로 서술형 텍스트로 변환한다(Graefe et al., 2016). 텍스트 기반 AI뿐만 아니라 이미지 생성 AI나 음성 합성 AI 등을 통해 시각적, 청각적 요소 등 다양한 감각에 호소하는 콘텐츠를 제작한다. 이는 사용자의 감정을 더욱 효과적으로 자극할 수 있다.

로고스(Logos)적으로, AI는 뛰어난 데이터 처리 능력을 바탕으로 이 기법을 더욱 정교하게 활용한다. AI는 방대한 양의 데이터를 분석해 논리적이고 설득력 있는 결론을 도출한다. 이는 특히 AI 기반 의사 결정 지원 시스템에서 중요하게 활용된다. AI는 사용자의 지식 수준, 관심사, 가치관 등의 특성을 고려해 가장 효과적인 논리 구조를 구성한다. 같은 제품을 추천하더라도 환경에 관심이 많은 사용자에게는 제품의 친환경성을, 경제성을 중시하는 사용자에게는 비용 효율성을 강조할 수 있다. AI는 대화 중에 실시간으로 정보의 정확성을 확인하고, 신뢰할 수 있는 출처를 인용한다. 이는 AI의 주장에 대한 신뢰도를 높이는 동시에 사용자에게 정확한 정보를 제공한다. 예를 들어 구글의 실시간 팩트 체크 시스템은 뉴스 기사의 사실 여부를 실시간으로 확인한다(Graves, 2018).

카이로스(Kairos)는 적절한 시기와 맥락에 맞는 소통을 강조하는 레토릭 기법이다. AI는 이를 실시간 대화 흐름 제어에 적용한다. AI는 대화의 전후 맥락을 이해하고 이에 맞는 적절한 응답을 생성한다. 이는 자연스러운 대화 흐름을 만들어 내고, 사용자의 의도를 정확히 파악하는 데 도움이 된다. AI는 사용자의 반응 속도, 관심도 등을 분석해 정보를 제공하거나 질문을 던지는 타이밍을 조절한다. 이는 특히 AI 기반 교육 시스템이나 고객 서비스에서 중요하게 활용된다. AI는 사용자의 이해도와 관심도에 따라 정보를 점진적으로 제공한다. 이는 정보의 소화와 기억을 돕고, 사용자의 지속적인 관심을 유지하는 데 효과적이다.

이 외에도 AI는 비유와 은유, 반복과 강조, 질문 기법 등 다양한 언어적 수사 기법을 상황에 맞게 유연하게 활용한다. 복잡한 개념을 설명할 때 AI는 적절한 비유나 은유를 사용해 이해를 돕는다. 예를 들어 기술적인 개념을 일상적인 경험에 빗대어 설명할 수 있다. AI는 중요한 정보나 핵심 메시지를 효과적으로 전달하기 위해 적절한 반복과 강조 기법을 사용한다. 이는 특히 교육용 AI나 마케팅 메시지에서 자주 활용된다. AI는 수사적 질문이나 유도 질문을 통해 사용자의 사고를 자극하고, 대화에 적극적으로 참여하도록 유도한다. 이러한 AI의 레토릭 기술은 계속해서 발전하고 있으며, 우리의 소통 방식과 정보 소비 패턴에 큰 영향을 미치고 있다.

AI의 레토릭의 한계

AI의 레토릭이 가진 한계와 잠재적 문제점에 대해 고려해야 한다. 이러한 한계점들은 AI 레토릭의 발전과 적용 과정에서 중요한 고려 사항이 되기 때문이다. 첫째, AI의 레토릭은 데이터에 기반하기 때문에, 데이터의 편향성이 그대로 반영될 수 있다. 예를 들어 특정 인구 집단의 데이터가 부족하면 그 집단에 대한 AI의 이해와 소통이 제한적일 수 있다. 이는 AI의 레토릭이 특정 그룹에 대해 편향되거나 부적절한 표현을 사용할 위험성을 내포한다.

둘째, AI의 레토릭이 지나치게 효과적일 경우 사용자 조작의 위험성이 있다. 예를 들어 AI가 사용자의 취약점을 정확히 파악해 과도한 소비를 유도하거나, 정치적 견해를 극단화할 수 있다. 이는 개인의 자율성과 의사결정 능력을 침해하는 심각한 윤리적 문제를 야기할 수 있다.

셋째, AI와의 빈번한 상호작용은 인간 간 직접적인 소통 능력을 저하시킬 수 있다. 특히 감정적 교류나 비언어적 의사소통 능력이 약화될 우려가 있다. 이는 장기적으로 사회적 관계와 인간 커뮤니케이션의 질을 저하시킬 수 있는 요인이 된다.

마지막으로, AI의 레토릭이 인간의 그것과 구분하기 어려울 정도로 정교해지면 진실성과 신뢰성의 문제가 발생할 수 있다. 사용자가 AI와 소통하고 있다는 사실을 인지하지 못할 경우 윤리적 문제가 제기될 수 있다. 이는 디지털 환경에서 투명성과 정보의 신뢰성에 대한 중요한 도전 과제가 된다.

이러한 한계점들을 고려할 때, AI 레토릭 기술의 발전은 윤리적 고려와 함께 이루어져야 한다. AI의 레토릭 기술은 우리의 의사소통 방식을 혁신적으로 변화시키고 있지만, 동시에 이러한 발전이 가져올 수 있는 부작용과 윤리적 문제에도 주의를 기울여야 한다. 앞으로 AI 레토릭 기술을 개발하고 적용하는 과정에서, 그 효과성뿐만 아니라 윤리성과 인간 중심적 가치를 동시에 고려하는 균형 잡힌 접근이 필요할 것이다. 이를 통해 AI 레토릭 기술이 인간의 소통을 풍부하게 하고 삶의 질을 향상하는 데 기여할 수 있을 것이다. 또한 AI 레토릭의 사용에 대한 투명성을 확보하고, 사용자 교육을 통해 AI와의 상호작용에 대한 이해를 높이는 것도 중요한 과제가 될 것이다.

참고문헌

김현진(2023). 생성형 AI와 편향성. IP & Data 法 3.1, 75-105.

정종구(2022). 인공지능 언어모델에 대한 규범적 연구: 일반 대화형 챗봇에 대한 실증연구를 중심으로. 서울대학교 대학원 박사학위 논문.

Diakopoulos, N.(2019). *Automating the news: How algorithms are rewriting the media*. Harvard University Press.

Gomez-Uribe, C. A., & Hunt, N.(2015). The Netflix recommender system: Algorithms, business value, and innovation. *ACM Transactions on Management Information Systems, 6*(4), 1-19.

Graefe, A., et al.(2016). Readers' perception of computer-generated news: Credibility, expertise, and readability. *Journalism, 19*(5), 595-610.

Graves, L.(2018). *Understanding the promise and limits of automated fact-checking*. Reuters Institute for the Study of Journalism, University of Oxford.

Mittelstadt, B. D., et al.(2016). The ethics of algorithms: Mapping the debate. *Big Data & Society, 3*(2), 2053951716679679.

Pane, J. F., et al.(2014). Effectiveness of Cognitive Tutor Algebra I at scale. *Educational Evaluation and Policy Analysis, 36*(2), 127-144.

Pennington, J., et al.(2014). GloVe: Global vectors for word representation. Proceedings of the 2014 Conference on

Empirical Methods in Natural Language Processing (EMNLP), 1532–1543.

Reiter, E., & Dale, R.(2000). *Building natural language generation systems.* Cambridge University Press.

Sohail, S. S., et al.(2022). Emotion analysis using IBM Watson: A systematic literature review. *Journal of King Saud University – Computer and Information Sciences, 34*(6), 3306–3316.

Sundar, S. S., & Kim, J. (2019). Machine heuristic: When we trust computers more than humans with our personal information. *Communication Research, 46*(8), 1158–1180.

Vaswani, A., et al.(2017). Attention is all you need. *Advances in Neural Information Processing Systems,* 30.

08
AI 레토릭 윤리

AI의 커뮤니케이션 능력은 사람들과의 상호작용 방식을 크게 바꾸고 있다. 그러나 이러한 변화는 윤리적 문제와 프라이버시 침해 가능성을 동반한다. AI 커뮤니케이션 윤리와 관련된 주요 이슈와 AI 레토릭의 윤리적 고려 사항을 다룬다.

AI 커뮤니케이션 윤리

AI의 발전이 커뮤니케이션 방식을 근본적으로 변화시키고, 아울러 우리의 일상생활과 업무를 더욱 효율적으로 발전시키고는 있지만, 여러 가지 문제도 발생시키고 있다. AI가 판단하고 결정하는 레토릭에 의문을 가짐으로써 신뢰성과 이에 따른 윤리적 문제도 같이 발생할 소지가 있다는 것이다. 비단 커뮤니케이션 방식만의 문제가 아니라 AI 발전에 따른 시대적 그리고 정책적 과제이기도 하다. AI 기술의 발전과 함께 사회 전반의 다양한 분야에서 분명 긍정적인 변화도 있지만, 이에 대한 윤리적 그리고 사회적 고려도 함께 고민해 보아야 한다. 이에 대한 대응으로 한국에서도 AI 윤리에 대한 관심이 급증하고 있다. 정부에서는 '인공지능(AI) 윤리기준'을 마련하면서 3대 기본 원칙으로 인간의 존엄성, 사회의 공공선, 기술의 합목적성 등을 제시했다(과학기술정보통신부, 2020).

지금도 우리는 주변에서 많은 AI와 직접 또는 간접적으로 소통하고 있다는 사실에 주목할 필요가 있다. 예를 들어 기본적으로 초연결을 기반으로 하는 AI 가전의 경우 사이버 공격에 취약한 편이다. AI 가전이 사용자의 온갖 데이터를 수집, 저장, 학습하며 서비스를 제공하기 때문에, 이 과정에서 수집한 사용자의 데이터가 외부로 유출될 가능성도 많다. 실제로 미국에서는 로봇 청소기가 촬영한 일반 가정집의 사진이 소셜 미디어를 통해 유포되기도 했다.

AI 기술이 발전하며 AI는 인간과 거의 흡사한 커뮤니케이션을 할 수 있게 되었다. 그래서 사용자로 하여금 AI가 사람인 것처럼 느끼게 한다. 이러한 소위 '소셜 프리텐스(social pretense)'는 인간이 AI와 상호작용에서 더 자연스럽게 느끼도록 도와줄 수 있지만, 동시에 윤리적 문제를 야기할 수 있다. 예를 들어 사용자가 AI가 실제로 자신의 감정을 이해하거나 공감하고 있다고 믿게 되면 이로 인해 신뢰나 감정적 연결이 형성될 수 있으며, 이는 AI가 가진 한계나 비인간적 특성을 오해하게 만들 수 있다. 인간과 유사한 상호작용을 시뮬레이션할 수 있게 된 AI 시스템이 사용자에게 이해나 공감의 환상을 만들 수 있지만 실제로는 의식이나 감정이 없는 것처럼, AI 커뮤니케이션은 이러한 시스템의 비인간적 성격을 명확하게 전달해 사용자 신뢰를 유지하고 사용자의 감정이나 기대를 악용하지 않도록 해야 한다.

AI 커뮤니케이션의 윤리적 요소

사용자들은 종종 자신이 AI와 소통하고 있다는 사실을 충분히 인식하지 못할 수 있어 잠재적으로 기만이나 조작을 당할 수 있다. 이 때문에 사용자들은 AI 시스템이 스스로 판단하고 결정하는 방식에 대해 불투명하게 느낄 수 있다. 이러한 문제는 사용자가 AI의 결정을 이해하고 신뢰하는 데 장애가 된다. 따라서 AI 시스템을 제공하는 기업은 사용자에게 알고리즘의 작동 원리와 데이터 사용 방식을 명확히 설명해야 한다. 그러나 기업들은 영업 비밀이라는 이유로 공개를 꺼리는 실정이다. 기업들은 개발 프로세스, 학습 데이터, AI 알고리즘을 이해관계자와 대중에게 공개하고 이해할 수 있도록 해서 신뢰와 책임감을 조성해야 한다.

AI가 잘못된 정보를 제공하거나 부적절한 결정을 내렸을 때, 또는 오류의 발생으로 피해를 초래했을 때, 그 책임이 누구에게 있는가는 매우 중요한 문제다. 물론 AI 시스템이 집단적인 판단과 결정의 결과이기 때문에 오류나 편향된 결과에 대한 책임을 부여하기에는 어려움이 있다. 그러나 AI 의사 결정에서의 편향이나 오류가 해당 시스템을 만드는 설계자와 운영자의 과실이나 의도적인 행동으로 인해 발생한 경우, 이들은 책임을 져야 하며, 시스템의 결과에 대한 책임을 명확히 해야 한다. 이러한 불명확성은 특히 의료나 금융 서비스 같은 고위험 상황에서 AI가 초래한 오류에 대해 누가 책임을 져야 하는지에 대한 문제를 제기한다. AI 시스템이 편향된 결과나 다른 오류로 인해 피해를 초래할 때, 당사자에게 적절한 책임을 할당하는 명확한 프레임워크와 지침, 오류 수정 및 보상 메커니즘도 필요하다는 주장도 있다(Binns, 2018). 그러므로 AI 시스템 사용자는 자신이 사용하는 AI 도구의 한계와 잠재적 편향성을 인지하고, 불공정한 결과를 완화하기 위해 필요한 조치를 취해야 한다.

AI는 학습 데이터에 기반해 작동하므로 데이터에 내재된 편향이 AI의 결정에 영향을 미칠 수 있다. 이는 인종, 성별, 종교와 같은 특정 그룹에 대한 차별을 초래할 수 있으며, 특정 그룹이 불공정하게 대우받게 만들 수도 있다. 실제로 2015년 구글 포토가 흑인 커플 사진을 '고릴라'로 분류한 일도 있었고, 2016년 마이크로소프트의 채팅봇 '테이'는 악성 사용자들과 대화 도중 백인우월주의 및 여성 혐오 내용을 학습해 왜곡된 대화를 수행했고, 이에 단시간만에 중단된 적도 있다. 2018년에는 아마존이 개발한 채용 알고리즘이 여대 졸업자를 포함한 여성들에게 불리하게 작용한 것이 알려지며 시스템을 중단하기도 했다. 국내에서도 2020년 AI 챗봇 '이루다' 서비스는 인공지능과 대화를 한다는 혁신적 기술로 주목받았지만, '이루다'를 향한 사용자들의 성희롱과 모욕 등의 문제에 이어 '이루다'가 약자 혐오 등의 발언까지 하면서 중단된 사실도 있다. 실제 세계에 존재하는 차별 패턴이 있다면 AI가 학습 과정에서 이러한 편향을 흡수할 가능성이 있기 때문에, 이를 방지하기 위해 데이터의 편향성을 최소화하고 공정성을 확보하는 노력이 필요하다.

이러한 편향을 감지하고 완화하기 위해 빈스(Binns)는 "차별적 영향(Disparate Impact)", "기회의 평등(Equality of Opportunity)"과 같은 측정 방법으로 보호된 그룹과 비보호된 그룹 간의 대우 차이를 해결해야 한다고 주장한다(Binns, 2018). 여기에서 차별적 영향(Disparate Impact)은 특정 집단이 다른 집단에 비해 불리한 결과를 얻는 경우를 의미한다. 예를 들어 AI 시스템이 특정 인종, 성별, 또는 다른 보호된 집단에 속하는 사람들에게 불리한 결정을 일관되게 내리는 경우가 이에 해당한다. 차별적 영향은 시스템이 의도적 차별을 하지 않더라도 그 결과가 불공정할 수 있다는 점에 주목한다. 즉, 결과의 통계적 비율에 초점을 맞추어, 보호된 그룹과 비보호된 그룹 간의 긍정적인(또는 부정적인) 결과 비율이 현저히 다르다면 차별적 영향이 존재한다고 간주할 수 있다. 이 측정 방법은 주로 대출 승인, 고용, 또는 교육 기회 등에서 공정성을 평가하는 데 사용된다.

기회의 평등(Equality of Opportunity)은 동일한 조건에서 서로 다른 그룹이 동일한 긍정적 결과를 얻을 기회를 가져야 한다는 개념이다. 예를 들어 기회의 평등을 보장하는 AI 시스템은 인종, 성별, 또는 다른 보호된 특성에 관계없이 같은 자격을 가진 사람들이 동일한 긍정적 결과를 얻을 수 있도록 해야 한다. 이를 측정하기 위해 시스템이 동일한 기준을 모든 그룹에 적용하는지를 평가할 수 있다. 특히 시스템이 특정 그룹에 대해 더 높은 확률로 긍정적인 결과를 예측하지 않도록 보장하는 것이 중요하다. 하지만 모든 공정성 지표를 동시에 만족시키는 데는 한계가 있다. 예를 들어 차별적 영향을 완화하려다 보면 기회의 평등이 저해될 수 있는 반면, 기회의 평등을 우선시하면 차별적 영향이 발생할 수 있다는 것이다.

AI 시스템은 대량의 학습 데이터를 처리하기 때문에, 이 과정에서 개인의 프라이버시가 침해될 가능성이 크다. 개인정보가 노출된 상태이거나 정제되지 않은 개인정보를 수집할 가능성이 크므로, 데이터 수집과 처리 과정에서 개인정보 보호 규정을 준수하고, 데이터를 안전하게 관리하는 것이 중요하다. 또한 AI가 수집한 데이터는 개인을 식별할 수 없도록 익명화해야 한다. 즉 익명성이 보장되어야 한다. 익명화된 데이터는 개인의 신원을 노출하지 않으면서도 유용한 통계적 분석을 가능하게 하므로, 개인의 프라이버시를 보호하는 데 중요한 역할을 한다. 마지막으로, 사용자는 자신의 데이터가 어떻게 사용되는지에 대해 명확히 알고, 이에 동의할 수 있는 권리를 가져야 한다. 또한 언제든지 자신의 데이터를 삭제하거나 사용을 중단할 수 있는 통제권을 가져야 한다.

AI 레토릭의 윤리적 고려

AI의 레토릭 기술이 발전함에 따라 이에 따른 윤리적 문제와 한계점에 대한 고려가 필요하다. AI의 커뮤니케이션 능력은 많은 이점을 제공하지만, 윤리적 문제와 프라이버시의 침해 가능성을 동반한다. 공정성, 투명성, 책임성, 편향성 문제를 해결하고, 데이터 보호, 익명성 보장, 동의와 통제권을 강화하는 것이 중요하다. 이러한 윤리적 고려 사항을 준수함으로써 우리는 AI 기술의 혜택을 최대한 누리면서도 윤리적 책임을 다할 수 있다.

먼저 AI가 인간의 감정을 분석하고 이에 맞춘 응답을

생성하는 능력은 효과적인 소통을 가능하게 하지만, 동시에 인간의 감정을 조작할 수 있는 위험성도 내포하고 있다. AI 시스템은 윤리적 가이드라인을 준수해 부적절한 감정 조작을 피하도록 조처해야 한다. 다음으로, AI와의 상호작용이 증가하면서 인간 간 소통이 줄어들 수 있다. 그러므로 AI 레토릭은 인간관계의 중요성을 인식하고 이를 보완하는 방향으로 설계되어야 한다. 또한 AI 시스템은 다양한 문화와 가치관을 존중하는 방식으로 커뮤니케이션해야 한다. 특정 문화나 집단에 대한 고정관념을 강화하지 않도록 문화적 다양성을 고려해야 한다. 예를 들어 AI 시스템의 개발과 배포에 다양한 관점을 참여시켜 모든 사회 구성원의 가치, 요구, 우려를 반영할 수 있도록 해야 한다. 마지막으로, AI 학습에 사용되는 데이터의 출처와 품질, 그리고 데이터 사용에 대한 동의 여부 등을 철저히 검토해야 한다. 이를 통해 AI와 인간이 조화롭게 공존하는 미래를 만들어 갈 수 있다.

참고문헌

과학기술정보통신부(2020). 보도자료: 「인공지능(AI) 윤리기준」 마련.
https://www.msit.go.kr/bbs/view.do?mId=113&bbsSeqNo=94&nttSeqNo=3179742

김현진(2023). 생성형 AI와 편향성. IP & Data 法 3.1, 75-105.
나종걸(2023.3.24). 착한 인공지능: AI 윤리기준은 왜 필요할까?. 한화토탈에너지스, https://post.naver.com/viewer/postView.naver?volumeNo=35676616
정종구(2022). 인공지능 언어모델에 대한 규범적 연구: 일반 대화형 챗봇에 대한 실증연구를 중심으로. 서울대학교 대학원 박사학위 논문.
Binns, R.(2018). Fairness in machine learning: Lessons from political philosophy. In Proceedings of the 1st Conference on Fairness, Accountability and Transparency (Vol. 81, pp. 149-159). PMLR.
Floridi, L., & Taddeo, M.(2016). What is data ethics? Philosophical Transactions of the Royal Society A: Mathematical, Physical and Engineering Sciences, 374(2083), 20160360.
Mittelstadt, B. D., et al.(2016). The ethics of algorithms: Mapping the debate. *Big Data & Society, 3*(2), 1-21.
Surden, H.(2020). The ethics of artificial intelligence in law: Basic questions. Forthcoming chapter in Oxford Handbook of Ethics of AI, 19-29.

09
AI 시대 레토릭과 커뮤니케이션

AI를 활용한 효과적인 레토릭 전략을 탐구하고 AI 시대에 필요한 새로운 레토릭 기술을 익히기 위한 전략을 제시한다.

AI가 가져온 커뮤니케이션의 변화

AI 기술의 급속한 발전은 우리의 일상생활과 업무 방식을 크게 변화시키고 있다. 특히 커뮤니케이션 분야에서 AI의 영향력은 더욱 두드러지고 있다. 대규모 언어 모델과 자연어 처리 기술의 사용이 사회 기능 전반에 걸쳐 보편화됨에 따라, 우리는 이제 기계(컴퓨터)와 자연스럽게 대화를 나누고 복잡한 정보를 신속하게 처리하며 언어의 장벽을 넘어설 수 있게 되었다. AI의 커뮤니케이션 능력이 향상됨에 따라 사람들과의 상호작용 방식도 크게 변화하고 있다. 이러한 변화는 전통적인 레토릭과 커뮤니케이션 전략에 새로운 도전과 기회를 제공한다. 이미 감정 분석, 음성 인식, 고객 서비스 자동화, 고객 피드백 분석 등은 인간과 구별할 수 없는 텍스트를 생성하는 능력을 넘어섰다. 특히 국내에서는 AI 기술을 활용한 '초개인화' 마케팅이 주목받고 있으며, 대기업들을 중심으로 AI 기반의 고객 서비스가 빠르게 도입되고 있다. 넷플릭스와 같은 OTT 서비스에서는 이용자의 시청 기록을 토대로 영화나 드라마를 이용자에게 추천하고 있으며, 삼성전자의 갤럭시 스마트폰의 AI 기반 실시간 통역 서비스는 언어의 장벽을 해소시켜 글로벌 커뮤니케이션을 더욱 원활하게 해 주고 있다. 특히 챗GPT와 같은 생성형

AI의 활용은 업무의 자동화와 간소화를 도와 비용 절감 등 생산성을 향상시키고 챗봇 등을 통해 기업의 고객 서비스 품질 향상에 도움을 주고 있다.

AI를 활용한 레토릭은 단순히 기술을 사용하는 것을 넘어 AI와 인간의 상호작용을 통해 더욱 효과적이고 설득력 있는 메시지를 전달할 수 있는 가능성을 열어 준다. AI의 레토릭 기술은 다양한 문화권에서 다르게 적용되고 해석될 수 있다. 효과적인 설득 기법은 문화에 따라 다르므로 설득 기법의 차이가 발생한다. 동양과 서양 문화권, 개인주의적 문화권과 집단주의적 문화권에서는 효과적인 설득 방식이 다를 수 있다. 같은 의미라도 문화에 따라 언어와 표현 방식이 다를 수 있으며, AI는 이러한 차이를 이해하고 적절히 대응할 수 있어야 한다. 또한 문화에 따라 중요하게 여기는 가치가 다를 수 있으며, AI는 이를 고려해 설득 전략을 수립해야 한다. 이러한 문화적 차이를 고려한 AI 레토릭의 개발은 글로벌 시장에서 AI를 효과적으로 활용하는 데 중요한 요소가 될 것이다. 한국에서는 AI 레토릭에서 정서적 공감과 집단의 조화를 강조하는 접근이 더 효과적일 수 있으며, 이는 한국의 AI 챗봇 서비스들이 친근하고 공감적인 대화 스타일을 채택하는 경향과 일치한다(이성경 · 윤재영, 2019).

AI 시대에 필요한 새로운 커뮤니케이션 기술

AI 기술을 효과적으로 활용하기 위해서는 AI의 기본 원리와 한계를 이해하는 것이 중요하다. 이를 위해 AI 리터러시의 향상이 필수적이다. AI에 대한 사회적 수용성(Public Acceptance)을 높이고, AI 기술로 야기되는 개인정보 침해, 허위 조작 정보와 같은 위험에 주체적으로 대응하기 위해서는 AI에 대한 활용 역량을 보편적 교육으로 다룰 필요가 있다(IITP, 2020). 머신러닝, 자연어처리 등 AI의 핵심 개념에 대한 기본적인 이해를 갖추고, AI 사용에 따른 윤리적 문제와 편향성에 대해 인식하고, 이를 최소화하는 방법을 학습해야 한다. 또한 AI를 단순한 도구가 아닌 협업 파트너로 인식하고, 효과적으로 상호작용하는 능력을 키워야 한다. 마지막으로 AI 언어 모델에게 효과적인 지시를 내리는 프롬프트 엔지니어링 기술을 체계적으로 습득하고, AI가 제공한 정보와 제안을 비판적으로 평가하고 창의적으로 활용하는 능력을 키워야 한다. 이를 위해 국내에서는 이미 2020년부터 초・중등 교육과정에서 AI 교육이 단계적으로 도입되기 시작했다. 최근에 개정된 2022 개정 교육과정에서는 AI 교육이 더욱 강화되어 전면 시행될 예정이다. 이같이 급변하는 AI 기술에 적극적으로 대응하는 면은 매우 고무적이다. 그러나 이에 따른 교육 현장의 어려움도 존재하기 때문에 이에 대한 대처 방안도 마련해야 할 것이다.

AI 시대의 커뮤니케이션은 다양한 디지털 플랫폼과 기술을 활용한 디지털 스토리텔링 역량이 중요하다. 그러므로 여러 미디어 플랫폼을 넘나들며 일관된 메시지를 전달하는 기술인 트랜스미디어 스토리텔링을 습득해야 하며, AI를 활용해 사용자와 상호작용하는 동적 콘텐츠를 제작하는 인터랙티브 콘텐츠 제작 능력을 배양해야 한다. 특히 효과적인 커뮤니케이션을 위해 데이터를 이해, 분석하고 시각화하는 능력이 필수적이다. 따라서 기본적인 통계 개념을 이해하고, 데이터의 의미를 정확히 해석하는 데이터 리터러시 능력을 길러야 하며, 데이터 시각화 도구를 사용해 데이터를 효과적으로 시각화하는 기술을 습득해야 한다. 한국의 기업들은 이미 AI를 활용한 데이터 분석과 시각화를 마케팅 전략 수립에 적극적으로 활용하고 있으며, 이는 새로운 형태의 커뮤니케이션 전문가 수요를 창출하고 있다.

AI를 활용한 효과적인 커뮤니케이션 전략

AI는 방대한 양의 데이터를 분석하고 패턴을 찾아내는 데 탁월하다. 비즈니스 커뮤니케이션 측면에서 이를 활용하면 고객의 성향과 관심사를 정확히 파악하고 그에 맞는 맞춤형 메시지를 구성할 수 있다. 예를 들어 AI 알고리즘을 사용해 소셜 미디어 데이터, 검색 기록, 구매 패턴 등을 분석해 타깃 고객의 특성을 정확히 파악할 수 있다. 또한 분석된 데이터를 바탕으로 각 고객 세그먼트에 가장 효과적인 메시지와 전달 방식을 선택해 고객에게 맞춤형 콘텐츠를 제공할 수 있다.

AI 기술은 메시지의 효과를 실시간으로 모니터링하고 즉각적으로 조정할 수 있다. 예를 들어 자연어 처리 기술을 활용해 고객의 반응과 감정 상태를 실시간으로 분석할 수 있으며, 분석 결과에 따라 메시지의 톤, 내용, 전달 방식 등 동적 콘텐츠를 즉시 조정해 최적의 효과를 달성할 수 있다. 특히 AI는 텍스트뿐만 아니라 이미지나 음성, 비디오 등 다양한 형태의 멀티모달 데이터를 처리할 수 있다. 이를 통해 더욱 풍부하고 몰입도 높은 커뮤니케이션이 가능해진다. 예를 들어 AI 기반 이미지 생성 기술을 활용해 복잡한 개념을 직관적인 시각 자료로 표현하면서 시각화를 강화할 수 있으며, 음성 합성 및 분석 기술을 통해 가장 설득력 있는 어조와 리듬을 찾아내고, 가상 현실(VR) 환경에서는 AI가 제안하는 최적의 제스처를 활용할 수 있다.

AI의 예측 분석 능력을 활용해 선제적으로 커뮤니케이션 전략을 수립할 수 있다. 예를 들어 소셜 미디어 데이터, 검색 트렌드 등을 분석해 향후 이슈를 예측하고 대비하거나 잠재적 위기 상황을 사전에 감지하고 적절한 대응 메시지를 준비할 수 있다. 또한 챗봇, 가상 비서 등 대화형 AI를 활용해 실시간 커뮤니케이션을 제공할 수 있다. 예를 들어 AI 챗봇을 통해 신속하고 정확한 고객 응대를 실현해 고객 서비스를 강화하고, 사용자의 이전 대화 기록과 선호도를 바탕으로 맞춤형 대화를 제공함으로써 개인화된 상호작용을 가능하게 한다 .

AI 레토릭의 실제 효과를 측정하고 평가하는 것은 AI 기술의 발전과 개선을 위해 중요하다. AI와의 상호작용 후 사용자의 행동 변화, 만족도, 신뢰도 등 사용자의 반응을 분석해 AI 레토릭의 효과를 측정할 수 있다. AI 레토릭을 사용한 그룹과 사용하지 않은 그룹의 결과를 비교해 그 효과성을 객관적으로 평가할 수 있는 것이다. AI 레토릭의 효과를 평가할 경우 단기적 효과뿐만 아니라 장기적으로 사용자의 의사 결정 패턴이나 행동 변화에 미치는 영향을 추적해 평가할 필요가 있다. AI 레토릭의 효과가 교육, 마케팅, 건강 관리 등 다양한 상황에서 어떻게 다르게 나타나는지 평가해야 한다. 이러한 효과 측정은 AI 레토릭의 실용적 가치를 평가하고, 향후 개선 방향을 설정하는 데 중요한 역할을 할 것이다.

AI와 인간의 시너지를 통한 새로운 커뮤니케이션 패러다임

AI 시대의 레토릭과 커뮤니케이션은 기술과 인간의 능력이 조화롭게 결합할 때 가장 큰 효과를 발휘한다. AI는 데이터 분석, 개인화, 실시간 조정 등의 영역에서 탁월한 능력을 보여 주지만, 창의성, 감성, 윤리적 판단 등 인간 고유의 영역 또한 여전히 중요하다. 따라서 미래의 커뮤니케이션 전문가들은 AI 기술을 깊이 이해하고 활용하는 동시에, 인간만의 독특한 통찰력과 창의성을 발휘할 수 있어야 한다고 주장한다. AI를 도구이자 파트너로 활용해 더욱 풍부하고 효과적인 커뮤니케이션을 실현하는 것이 AI 시대의 새로운 레토릭의 핵심이 될 것이기 때문이다.

이러한 새로운 패러다임 속에서, 지속적인 학습과 적응은 필수적이다. AI 기술은 계속 발전하고 있으며, 이에 따라 커뮤니케이션 전략과 기술도 끊임없이 진화해야 한다. 이러한 변화에 대한 열린 자세와 끊임없는 호기심, 그리고 인간과 기술의 조화로운 결합을 추구하는 마인드셋이 AI 시대의 성공적인 커뮤니케이터가 되기 위한 핵심 요소가 될 것이다.

참고문헌

이성경·윤재영(2019). 금융서비스 챗봇의 페르소나와 사용자 경험에 관한 융복합 연구 - 대출서비스를 중심으로 -. ≪한국과학예술융합학회≫, 37(4), 257-267.

윤소희(2024.1.14). AI, 광고 업계를 이끌다…"이젠 초개인화 시대". 한경BUSINESS, https://post.naver.com/viewer/postView.naver?volumeNo=37181212

IITP(2020). 주요국의 AI 인재양성 정책동향 및 시사점.

Hanus, B., & Wu, Y. A.(2016). Impact of users' security awareness on desktop security behavior: A protection motivation theory perspective. *Information Systems Management, 33*(1), 2-16.

Sundar, S. S., & Kim, J.(2019). Machine heuristic: When we trust computers more than humans with our personal information. *Communication Research, 46*(8), 1158-1180.

10
AI와 새로운 소통

AI와 레토릭의 결합은 새로운 소통 방식과 기술의 발전을 가져오며, 이는 미래 사회에 큰 영향을 미칠 것이다. AI와 레토릭의 진화 방향을 예측하고, 신기술과 새로운 소통 방식이 어떻게 발전할지 논의한다.

AI와 레토릭의 진화

현재 AI는 자연어 처리, 음성 인식, 기계 학습과 딥러닝 등의 기술을 통해 인간과의 상호작용을 더욱 자연스럽게 만들고 있다. AI 챗봇, 가상 비서, 자동 번역기 등은 이미 우리 일상에 깊숙이 자리 잡고 있으며, 다양한 분야에서 활용되고 있다. 이러한 기술들은 인간의 언어를 이해하고 해석하며 생성하는 능력을 갖추고 있어 레토릭의 중요한 요소인 '설득력 있는 의사소통'을 가능하게 한다.

AI는 개인화된 소통을 더욱 정교하게 구현하고 있다. 기계 학습 알고리즘은 사용자의 행동 패턴, 선호도, 감정 상태 등을 분석해 맞춤형 메시지를 생성한다. 예를 들어, 마케팅 분야에서는 소비자의 구매 이력과 선호도를 기반으로 한 개인 맞춤형 광고가 더욱 효과적으로 전달되고 있다. 이는 레토릭의 핵심인 청중 분석을 AI가 자동으로 수행하게 함으로써 더욱 설득력 있는 소통을 가능하게 한다. AI 기반 실시간 번역 기술은 언어 장벽을 허물고 글로벌 소통을 촉진하고 있다. 현재도 구글 번역, 네이버 파파고는 물론 AI 실시간 통역 등 다양한 통번역 서비스가 존재하지만, 더욱 정교하고 자연스러운 통번역이 가능해지고 있다. 이러한 통번역 서비스는 국제 비즈니스, 학술 교류, 문화 교류 등 다양한 분야에서 중요한 역할을 하고 있다. 레토릭의 관점에서 보면 다국어 소통 능력은 다양한 문화적 배경을 이해하고 존중하는 데 기여하고 있는 것이다. AI는 감정 인식 기술을 통해 사용자의 감정 상태를 파악하고 이에 맞춘 소통을 하고 있다. 이를테면 고객 서비스 분야에서는 고객의 감정 상태를 실시간으로 분석해 더 나은 서비스를 제공하고 있다. 이는 레토릭의 중요한 요소인 감정적 호소를 강화해 더욱 효과적인 설득을 가능하게 한다. 증강 현실(AR)과 가상 현실(VR) 기술은 소통 방식을 혁신적으로 변화시키고 있다. 이러한 기술들은 몰입감 있는 소통 환경을 제공해 교육, 훈련, 회의 등 다양한 분야에서 활용될 수 있다. 예를 들어 가상 회의에서는 참가자들이 실제로 같은 공간에 있는 것처럼 느낄 수 있으며, 이는 소통 효과를 극대화할 수 있다. 레토릭 관점에서 보면, 이러한 기술들은 청중의 주의를 끌고 메시지를 더욱 생생하게 전달하는 데 기여하고 있는 것이다.

AI 레토릭의 발전

AI 레토릭의 발전은 인간과 AI 상호작용의 미래에 다음과 같은 큰 영향을 미칠 것으로 예상된다. 구즈만과 루이스(Guzman & Lewis)에 따르면, 먼저 의사소통 방식의 변화로 AI와의 상호작용이 일상화되면서, 인간의 의사소통 방식 자체가 변화할 수 있다. 예를 들어 AI의 논리적이고 체계적인 소통 방식에 익숙해진 인간들이 일상적인 대화에서도 이러한 방식을 선호하게 될 수 있다. 다음으로, 인간 설득 기술의 진화다. AI의 발달된 설득 기술은 역으로 인간의 설득 기술을 향상시키는 계기가 될 수 있다. 인간은 AI의 설득 기법을 학습하고 이를 자신의 의사소통에 적용할 수 있다. 마지막으로, AI와 인간 간 협력의 새로운 형태가 예상된다. 레토릭 능력이 뛰어난 AI는 인간의 의사결정을 돕는 조언자 역할을 할 수 있다. 이는 비즈니스, 교육, 의료 등 다양한 분야에서 인간과 AI 협력의 새로운 형태를 만들어 낼 수 있다. 이러한 변화는 사회 전반에 걸쳐 큰 영향을 미칠 것으로 예상되며, 이에 대한 준비와 대응이 필요할 것이다.

AI와 레토릭의 결합은 미래의 소통 방식을 혁신적으로 변화시키고 있다. 맞춤형 소통, 실시간 번역, 감정 기반 소통, 증강 현실과 가상 현실을 통한 소통 등 다양한 신기술이 우리의 소통 방식을 더욱 효과적이고 설득력이 있게 해 준다. 제임스 제펀(James P. Zappen)이 디지털 레토릭 연구의 방향으로 제시해 강조한 '상호작용성',

'정체성 형성', '커뮤니티 구축', '인간과 컴퓨터 상호작용'의 네 가지 요소는 AI 레토릭의 발전 방향을 예측하고 실행하는 데 중요한 지표가 되고 있다. 첫째, 상호작용성 측면에서 AI 레토릭은 더욱 정교한 대화형 인터페이스를 통해 사용자와 실시간으로 소통하며 즉각적인 피드백을 반영한다. 둘째, 정체성 형성 측면에서 AI는 개인의 디지털 정체성을 이해하고 이에 맞춘 커뮤니케이션 전략을 구사한다. 셋째, 커뮤니티 구축 측면에서 AI는 온라인 공동체의 동향을 분석하고 집단의 특성에 맞는 레토릭을 개발한다. 마지막으로, 인간과 컴퓨터 상호작용 측면에서 AI 레토릭은 더욱 자연스럽고 인간적인 방식으로 발전해 기술과 인간 사이의 경계를 더욱 좁히고 있다. 이러한 변화는 레토릭의 중요한 요소인 청중 분석, 감정 호소, 신뢰성, 설명력 등을 강화해 더욱 효과적인 소통을 가능하게 한다.

최근에는 텍스트뿐만 아니라 이미지, 음성, 비디오 등 다양한 모달리티를 포함하는 AI 생성 콘텐츠에 대한 레토릭 분석도 새로운 연구 방향으로 주목받고 있다. 특히 비디오와 오디오를 동시에 생성하는 AI 모델의 등장으로 멀티모달 콘텐츠의 레토릭 특성을 분석하는 연구가 늘어나고 있다. 그뿐만 아니라 AI 기술이 사회에 미치는 영향에 대한 레토릭 분석도 중요한 연구 방향으로 떠오르고 있다. 특히 AI에 대한 대중의 인식, AI 관련 정책 담론, AI 윤리 등 다양한 주제에 대한 수사학적 접근이 이루어지고 있는 것이다. 이러한 연구는 AI 기술의 발전이 가져오는 사회적, 윤리적 함의를 이해하고 대응 방안을 모색하는 데 기여하고 있다. 지금까지 살펴본 최신 연구 동향은 AI 시대의 의사소통과 설득 전략에 대한 이해를 깊게 하고, AI와 인간의 상호작용을 개선하는 데 기여할 것으로 기대된다.

참고문헌

이재현(2020). 인공지능과 미디어-커뮤니케이션 연구. ≪언론정보연구≫, 57(3), 5-40.

Ayotte, P. C.(2021). Multimedia of the Mind: Digital Rhetoric and Interdisciplinary Acquisition. Honors Theses and Capstones. 611.

Guzman, A. L., & Lewis, S. C.(2020). Artificial intelligence and communication: A Human-Machine Communication research agenda. *New Media & Society, 22*(1), 70-86.

Majdik, Z. P., & Graham, S. S.(2024). Rhetoric of/with AI: An Introduction. *Rhetoric Society Quarterly, 54*(3), 222-231.

Zappen, J. P.(2005). Digital Rhetoric: Toward an Integrated Theory. *Technical Communication Quarterly, 14*(3), 319-325.

권성욱

유플러스연구소 연구실장이다. 서울과학기술대학교에서 컴퓨터공학을 전공하고, 경기대학교 대학원에서 언론학 석사, 언론학 박사 학위를 받았다. 경기대학교 미디어영상학부에서 강의했으며 한국매거진미디어융합학회 연구이사, 한국과학창의재단 교육기부활성화 운영위원으로 활동 중이다. 중앙선거관리위원회(중앙선거방송토론위원회), 경기도평생교육진흥원, 정화예술대학교에서 근무했다. 저서로 『외국의 선거방송토론』(공저, 2011)이 있으며, 주요 논문으로 "토픽모델링 기법을 활용한 대통령선거 TV토론 분석"(2024), "북한 관련 뉴스 빅데이터를 활용한 언론 보도 연구"(2023), "뉴스 빅데이터를 활용한 LH 사태 관련 뉴스 키워드 분석"(2022), "뉴스 빅데이터로 본 코로나19 키워드 분석"(2020) 등이 있다.